山西昔榆高速公路品质工程数字化建设与管理

山西昔榆高速公路有限公司　编著

人民交通出版社

北京

内 容 提 要

本书以品质工程数字化建设理念为切入点,以科技创新提升为驱动力,从工程设计数字化、工程管理数字化、质量管理数字化、安全管理数字化、绿色环保管理数字化以及低碳运维数字化等层面对昔榆高速公路品质工程数字化建设过程进行剖析阐述。

本书可供公路工程数字化建设与管理相关的业主、设计师、施工人员和高等院校相关专业教学及科研工作者参考使用。

图书在版编目(CIP)数据

山西昔榆高速公路品质工程数字化建设与管理／山西昔榆高速公路有限公司编著. — 北京：人民交通出版社股份有限公司, 2024.4

ISBN 978-7-114-19450-4

Ⅰ.①山… Ⅱ.①山… Ⅲ.①数字技术—应用—高速公路—道路建设—工程项目管理—山西 Ⅳ.①U412.36-39

中国国家版本馆 CIP 数据核字(2024)第 059603 号

Shanxi Xi-Yu Gaosu Gonglu Pinzhi Gongcheng Shuzihua Jianshe yu Guanli

书　　名：	山西昔榆高速公路品质工程数字化建设与管理
著　作　者：	山西昔榆高速公路有限公司
责任编辑：	齐黄柏盈
责任校对：	孙国靖　卢　弦
责任印制：	刘高彤
出版发行：	人民交通出版社
地　　址：	(100011)北京市朝阳区安定门外外馆斜街 3 号
网　　址：	http://www.ccpcl.com.cn
销售电话：	(010)59757973
总　经　销：	人民交通出版社发行部
经　　销：	各地新华书店
印　　刷：	北京印匠彩色印刷有限公司
开　　本：	787 ×1092　1/16
印　　张：	15.25
字　　数：	316 千
版　　次：	2024 年 4 月　第 1 版
印　　次：	2024 年 4 月　第 1 次印刷
书　　号：	ISBN 978-7-114-19450-4
定　　价：	138.00 元

(有印刷、装订质量问题的图书,由本社负责调换)

编写委员会

顾　　问：杨志贵　武建勇　杨建红　陈　俊　郭聪林　王润民
　　　　　刘瑞斌　汪　伟
主　　编：温郁斌　赵景鹏　张雪峰　马冬云　魏　杰　张静晓
副 主 编：白永胜　郭　鑫　张礼宁　苏　强　张大海　贾坚华
　　　　　梁新春　杨志芳　宗敬云　宋庆瑞　李逢晟　陈　强
编　　委：安　进　郭卫琦　范　祺　马文丽　陶　锋　许桂青
　　　　　张永刚　成治纲　尹晋相　贺明俊　成丽萍　张宏伟
　　　　　刘换青　苗秋福　郭　宏　武晓燕　王贵文　张中军
　　　　　安晋生　王　鹏　王　俊　师天香　张正峰　王东东
　　　　　郭　杰　刘　强　孟　勇　裴富国　王东剑　郭　宾
　　　　　张海林　史毅强　史建峰　李　欣　王郑敏　张志军
　　　　　康　刚　石玉明　李国锋　赵喜红　李忠军　乔建华
　　　　　王宏伟　赵宏亮　池义方　赵志刚

品质工程是践行现代工程管理发展的新要求,以"以人为本、优质耐久、安全舒适、经济环保、社会认可"为目标,实现工程内在质量和外在品位有机统一的工程建设实践。打造品质工程是交通运输行业以新发展理念引领高质量发展的重要载体,是以一流设施、一流技术、一流管理、一流服务加快推进交通强国建设的重要抓手,也是提升人民群众出行获得感、幸福感、安全感的重要途径。

近年来,山西省全力落实《交通强国建设纲要》《国家综合立体交通网规划纲要》《数字中国建设整体布局规划》战略部署,以满足人民群众对高品质运输服务需求为目标,以数字赋能交通运输工程建设,为人民群众安全便利出行和社会物资高效畅通运输提供更加可靠的保障,不仅提升了工程质量和安全水平,推进了工程管理和技术创新升级,也带动了交通运输行业建设、管理与服务水平的整体提升。

山西昔阳(晋冀界)至榆次高速公路(简称"昔榆高速公路")是山西省重点工程、晋中市交通建设领域"一号"工程,是山西省交通运输厅绿色智慧建设示范项目和国家建筑信息模型(BIM)技术应用示范工程,也是山西省交通运输品质工程的代表性工程。山西昔榆高速公路有限公司以高质量发展为主线,实施公路数字化专项行动,推动公路建设、管理、养护、运营、服务全流程数字化转型,重安全、提效率、优服务、降成本、减排放,打造了"绿色、品质、平安、智慧、廉洁、美丽"的亮丽名片。

在建设过程中,昔榆高速公路坚持"精益建造、品质昔榆、全寿命周期"的工作理念,紧紧围绕工程设计、工程管理、技术创新、工程质量、安全保障、绿色环保、成本控制、软实力打造等品质工程的核心内容,将现代数字化管理手段融入传统的建设方式中,数字化赋能安全管理、质量管控、绿色环保与低碳运维,推动高速公路品质工程数字化建设转型进程。在探索实施中，昔榆高速公路积极应用互联网、物联网技术，推动新一代信息技术和泛在感知设备与传统公路建设深度融合，推行工程建设信息化管理，创新质量安全管理手段，实施人-机-料-工程实体数字化管理，打造从设计阶段、建设阶段到运营阶段的品质工程，重细节、重过程、重基础、重落实、重质量、重效果，充分展现"数字建设、创新驱动、品质为要"的强劲内生动力、创新能力和发展活力。

昔榆高速公路品质工程数字化的探索实践，体现了以山西昔榆高速公路有限公司为代表的交通运输企业顺应信息化时代潮流变革、积极推动行业数字化转型发展的责任担当，是行业上下同心协力建设交通强国、努力当好中国式现代化的开路先锋的真实写照。本书立足山西昔榆高速公路工程具体实践，以品质工程数字化建设理念为切入点，对工程设计数字化、工程管理数字化、质量管理数字化、安全管理数字化、绿色环保管理数字化以及低碳运维数字化等关键环节进行了全景式阐述，同时坚持党建引领，从文化、人员、企业等角度进一步丰富品质工程的内涵，是交通运输品质工程数字化建设理念与实践紧密结合的一部精品力作。衷心希望本书的出版能为交通运输行业工程建设者和管理者推动品质工程建设提供有效的参考，为社会各界了解新时代公路领域建设发展实践提供有益的帮助，从而更好地凝聚起书写交通强国公路篇华章的磅礴力量。

交通运输部公路局原副局长
2024 年 4 月

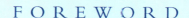

山西路桥建设集团有限公司(简称"山西路桥集团")积极响应落实《交通强国建设纲要》《国家综合立体交通网规划纲要》《数字中国建设整体布局规划》,聚焦交通主业,坚持数字化转型,在企业管理、项目建设、施工管理、数字经济四个方面,实现了从无到有、从点到面的突破,集团数字化转型的成效已经逐步显现,正在迈向一个全新的发展阶段。对山西路桥集团而言,推进公路数字化转型、加快智慧公路建设发展不是选择题,而是关乎长远发展的必答题。目前,山西路桥集团企业管理数字化的关键业务流程全部上线、核心管理数据全部联通,为全国同类企业提供了模式和范本。

数字化转型,大道砥砺,成就致远。《交通运输部关于推进公路数字化转型加快智慧公路建设发展的意见》(交公路发〔2023〕131号)指出,到2035年,全面实现公路数字化转型;公路建设、管理、养护、运行、服务数字化技术深度应用,提升质量和效率、降低运行成本。《交通运输部关于做好平安百年品质工程创建示范 推动交通运输基础设施建设高质量发展的指导意见》(交安监发〔2024〕6号)指出,到2035年,平安百年品质工程成为行业的普遍追求;推动交通运输基础设施高质量建设、高水平安全、高品质服务、高品位文化。面对新形势新任务新要求,山西路桥集团必须先行先试、创新创造,围绕"12345"总体思路,数字化赋能品质工程建设,积极推进平安百年品质工程数字化建设与管理,加快推动山西路桥集团品质工程数字化创建示范,加速推动山西路桥集团形成高质量发展的"新质生产力",助力加快建设交通强国、质量强国。

数字化赋能,是战略,是手段;品质工程,是价值追求,是百年平安;品质工程数字化和数字化品质工程,是交通运输基础设施建设高质量发展的两条路径。山西昔榆高速公路有限公司作为山西路桥集团的"领头雁",按照"一体两翼三支撑,四转五化六见效"工作思路,突出主动作为、超常作为,紧盯务实山西路桥集团数字化转型"12345"总体思路,率先提出品质工程数字化理念,思想认识到位,在推动数字化建设创新发展，推进工程环境保护技术应用，推动智能建造技术迭代升级，推动以标准化设计、工厂化生产、智能化建造、智慧化管理为主要特征的工业化建造技术应用，领先打造公路工程绿色低碳管理数字化平台，推进工程绿色低碳技术示范等方面有效落实，为新时代山西路桥集团创建数字化赋能平安百年品质工程在全省乃至全国示范提供了"昔榆样板"，为交通运输行业数字化赋能、构建现代化工程建设质量安全管理体系提供了路桥经验。

欣闻《山西昔榆高速公路品质工程数字化建设与管理》出版，这是一本实践为基、理论为骨、汗水铸就的精品力作，是一本"站在前列、干在实处"的路桥浓缩画像，是为序。

山西交通控股集团有限公司副总经理
山西路桥建设集团有限公司党委书记
2024 年 4 月

目录 CONTENTS

第一章　项目概述　1

第一节　昔榆高速公路品质工程数字化建设 …………………………… 2
第二节　工程概况 …………………………………………………………… 9
第三节　特殊地质条件介绍 ……………………………………………… 11
第四节　数字化赋能品质工程建设 ……………………………………… 14
第五节　本书主要内容 …………………………………………………… 17

第二章　品质工程数字化建设理念　19

第一节　品质工程数字化概述 …………………………………………… 20
第二节　品质工程数字化建设思路及举措 ……………………………… 22
第三节　工程全寿命周期数字化管理平台 ……………………………… 32

第三章　工程设计数字化　35

第一节　公路工程设计数字化概述 ……………………………………… 36
第二节　设计数字化平台建设 …………………………………………… 38
第三节　数字化技术及应用 ……………………………………………… 42
第四节　BIM 全专业协同设计应用 ……………………………………… 44

第四章　工程管理数字化　53

第一节　低碳施工管理数字化 …………………………………… 54
第二节　工程场景数字化 ………………………………………… 63
第三节　智慧劳务 ………………………………………………… 77
第四节　智慧监理 ………………………………………………… 82

第五章　工程科技创新提升　87

第一节　微创新技术应用 ………………………………………… 88
第二节　"四新"技术应用 ……………………………………… 94
第三节　工法制定 ………………………………………………… 99
第四节　施工技术规范制定 ……………………………………… 113

第六章　质量管理数字化　117

第一节　工程质量监管系统 ……………………………………… 118
第二节　风险防控数字化管理 …………………………………… 124
第三节　管控保障数字化管理 …………………………………… 137

第七章　安全管理数字化　147

第一节　安全风险管理体系 ……………………………………… 148
第二节　安全智慧监控 …………………………………………… 154
第三节　安全应急管理 …………………………………………… 160
第四节　平安工地建设 …………………………………………… 165

第八章　绿色环保管理数字化　179

第一节　生态保护数字化管理 …………………………………… 180

第二节 资源节约数字化管理 ················ 183
第三节 节能减排数字化管理 ················ 186

第九章 低碳运维数字化管理 191

第一节 低碳养护数字化管理 ················ 192
第二节 低碳运营数字化管理 ················ 197
第三节 恶劣天气安全通行解决方案 ··········· 207
第四节 提升低碳运营管理数字化对策 ········· 210

第十章 "党建+"品质工程建设 213

第一节 "党建+"品质工程文化建设 ·········· 214
第二节 "党建+"产业工人队伍素质建设 ······ 216
第三节 "党建+"管理人员素质建设 ·········· 219
第四节 "党建+"企业竞争力提升 ············ 225

参考文献 ································· 230

第一章
CHAPTER / 01

项目概述

第一节　昔榆高速公路品质工程数字化建设

一　品质工程数字化建设目标

山西昔榆高速公路有限公司(简称"昔榆公司")积极响应交通运输部发布的《关于加快推进新一代国家交通控制网和智慧公路试点的通知》，推动高速公路品质工程数字化建设转型进程。依据国家关于"加快数字化发展,建设数字中国"的规划要求,昔榆公司围绕山西交通控股集团有限公司(简称"山西交控集团")、山西路桥建设集团有限公司(简称"山西路桥集团")关于数字化转型发展要求,以全面提升管理水平为目标,以"安全为先、质量为本、进度为重、投资为主、科技创新、降本增效"为管理理念,通过推进五个深化、开展四个创新、创建三个目标、实现两个效益,努力打造"绿色、品质、平安、智慧、廉洁、美丽"的昔榆高速公路。昔榆高速公路项目结合实际建设需求,积极开展品质工程数字化建设,切实做到项目管理"十可"目标,即现场可控、违规可纠、预警可报、进度可知、质量可管、安全可防、投资可控、效益可增、数据可查、全程可溯。

结合山西路桥集团发展战略,昔榆高速公路品质工程建设实行发展理念人本化、项目管理专业化、工程施工标准化、管理手段信息化、日常管理精细化,并将其深刻落实到项目建设的全方位、多角度。昔榆高速公路项目积极推进理念创新、制度创新、技术创新、文化创新,有战略、有层次地推进品质工程的贯彻落实与昔榆公司综合竞争力的提升。昔榆公司以打造品质工程示范项目为建设目标,以打造一流管理模式范本为管理目标,以训练作风优良的建设先锋军为团队目标,明确的发展目标如明灯,指引着昔榆公司砥砺前行。同时,以建设优质耐久、安全舒适、经济环保、社会认可的高速公路项目建设团队宗旨,激励着昔榆公司高效落实山西路桥集团精益运营战略。

昔榆公司以质量、安全、环保、工期、成本、技术六个主要目标开展品质工程建设,将现代数字化管理手段融入传统的建设方式中,以场景数字化为牵引,在项目实施过程中重细节、重过程、重基础、重落实、重质量、重效果。第一,打造品质工程,质量管理至关重要,昔榆公司设立并严格执行抽检验收合格率标准,严密防控质量事故发生,争创先进示范品质工程。第二,昔榆公司坚决要求人员培训、持证上岗、加强安全事故预警及做好应急预案等,确保零伤亡、零事故,以打造国家级平安工程为安全管理目标。第三,昔榆公司坚持保护优先、预防为主、综合治理、全员参与、损害担责的环境保护原则,树立"不破坏就是最大的保护"的环保理念,加强人员培训，确保项目全体人员环保意识、环保管理水平全面提升。第四，昔榆公司结合项目工程规模、关键性工程、地形地质特点和气候条件等因素综合分析评价，制定总体工期目标并朝着目标坚定前进。第五，昔榆公司对项目投资概算进行科学决策，设立投资控制目标，提高施工现场的生产效率、管理效率和决策能力，节约投资成本。

昔榆高速公路项目作为山西省交通运输厅智慧建设示范项目和建筑信息模型（BIM）技术应用示范工程，在山西路桥集团推进数字化建设战略的大力支持与帮助下，努力实现管理数字化、智能化、智慧化。该项目采用"融合创新驱动，数字赋能管理，平台统筹推进"的数字化建设管理模式，助推高速公路项目设计、施工、管理、养护、运维全寿命周期转型提质，打造高速公路品质工程数字化建设示范工程。

二 品质工程数字化建设意义

（一）优化管理效率

借助数字化技术与设备，能够解决不同部门、不同岗位之间业务处理低效、工作对接不畅等问题。数字化管理系统平台的应用为项目部各层次工作人员提供及时、准确、全面的服务，有效促进信息快速流通共享，从而实现各部门、各岗位之间职能划分与业务协同。同时，将信息系统与手机短信、无线应用协议（WAP）网站等移动通信网络连接，实现移动办公功能，解决项目部管理权责分散、管理层在外出差无法及时处理工作等问题，进而全面提升管理效率和质量。

（二）提高项目管理水平和执行力

当前，工程项目建设管理的过程中普遍存在操作流程不系统、不规范的问题，造成了管理行为的差异化和执行结果的不一致性，由此导致管理的低效与资源的浪费。昔榆高速公路项目通过管理系统平台，将各部门现有的管理制度、组织架构、管理流程、管理办法等纳入数字化运营体系，将项目管理的琐碎步骤融入标准化的信息系统中，由系统运转来保证制度与流程的严格执行。这一举措通过数字化手段保障了项目管理运营的透明、规范、高效，进而提高昔榆公司整体管理水平与执行能力。

（三）实现数据管理的实时高效，加大项目监管力度

在传统情况下，工程项目建设管理过程中数据信息的收集整理、统计、分析等工作通常依靠手工操作来进行。因此，工程项目的异地管理难以实现，各类报表的产出严重滞后于工程实际进度，可能会导致项目监管失察、脱离轨道。昔榆高速公路项目通过采用数字化管理平台的方式，让各级管理人员能够在系统中随时了解项目部的所有项目信息（合同、资金、产值、进度、成本、质量、安全、利润等）。此外，项目相关数据信息通过传感器中段与系统中枢进行自动上传、整

理、统计、分析，最终以各种图表的形式展现给管理人员。这一功能的实现加大了管理人员对项目的监管力度与便捷度，管理人员能够及时发现项目存在的风险并提前采取应对措施。

（四）实现项目精细化管理

通过项目管理系统的数字化、精细化管理手段，昔榆高速公路项目的项目管理得以实现从粗放式管理向精细化管理转型，例如，昔榆高速公路项目的成本管理由事后核算转向事前预测、事中控制。通过管理系统实时监控项目的合同、资金、成本、进度、质量、安全，一旦发现建设过程中的异常情况便自动反馈，通过数据统计分析科学地帮助管理人员作出改进措施的决策，从而实现项目精细化管理。

（五）提升公司服务保障能力

通过数字化平台，项目信息能够及时传达到总部，职能部门可自动获取项目的资源供需、存储等情况，从而快速采购并配置所需资源（分包、设备招标、资金调拨及筹措等）。数字化系统平台的投入使用使昔榆公司真正成为服务型组织。

（六）形成标准化管理模式

通过构建标准化管理模式，昔榆公司整体的管理能力得到极大提升。项目内部已具备成熟有效的管理流程及管理方法，但受制于核心人才缺乏的问题，个人能力难以完全转化为企业能力。因此，昔榆公司建立了一套标准化、可复制的管理模式，将烦冗的管理事项放进整体化、系统化的框架中，将复杂多变的项目建设变成条分缕析的操作守则，大大降低了项目管理对核心人才的依赖程度。这一标准化管理模式的实施推进了企业整体管理能力提升，实现了项目管理科学化、规范化、程序化、标准化。

三 昔榆公司数字化建设工程管理体系

（一）理念体系模型

昔榆高速公路品质工程数字化建设的理念体系，是各层级的指导思想及各方的具体指导思想由上至下形成的理念体系，能够有效指导昔榆高速公路的数字化建设。工程管理理念就是指导工程建设的思想，其包含两个维度，即理念的类别（例如一般发展理念、价值理念、成果理念、方法理念）与不同层级组织的理念，如图1-1所示。

第一，在各层级理念中，国家理念是根本性的，其包括创新、协调、绿色、开放、共享的新发展理念、数字中国战略、质量强国战略、交通强国战略。第二，住房和城乡建设部、国家发展和改革委员会、科技部等十三部门在《关于推动智能建造与建筑工业化协同发展的指导意见》（建市〔2020〕60号）中明确指出：以数字化、智能化升级为动力，创新突破相关核心技术，加大智能建造在工程建设各环节应用。第三，山西路桥集团提出了"安全为先、质量为本、进度为重、投资为主、科技创新、降本增效"的建设管理理念，在昔榆高速公路品质工程项目中，数字技术的创新性应用极大地推动了该管理理念的贯彻落实。第四，昔榆公司作为昔榆高速公路的建设单位，提出了"现场可视、投资可控、数据可查、进度可知、违规可纠、质量可管、预警可报、安全可防、效益可增、全程可溯"的"十可"目标。数字化建设管理平台的投入使用使管理过程信息化、管理方式标准化、施工数据透明化，从而使得上述目标的实现成为可能。此外，各参建单位都对昔榆高速公路品质工程数字化建设理念体系模型的形成作出了贡献，例如提出融合、创新、拼搏、卓越的建设精神和推行科学、严谨、务实、高效的作风等。

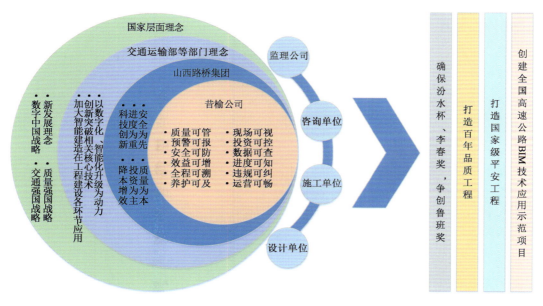

图 1-1　工程管理理念体系模型

(二) 目标体系模型

昔榆高速公路参与主体众多，协调关系复杂，因此不同主体之间目标的协调至关重要。昔榆高速公路涉及的参与方包括政府相关部门、行业管理部门、相关企业组织、建设组织以及参建单位，上述单位均需要在项目建设过程中实现各自的目标。例如，参建单位需要完成设计目标、施工目标、项目管理目标以及合同要求的相关目标。此外，参建单位还会通过建设昔榆高速公路来提升其在山西省内的知名度，扩大企业影响力。在建设组织方面，昔榆公司要实现的目标是来自山西路桥集团的委托，包括推进五个深化（即发展理念人本化、项目管理专业化、工程施工标准化、管理手段信息化、日常管理精细化），做山西路桥集团发展战略的坚定践行者；推进四个创新（即理念创新、制度创新、技术创新、文化创新），做山西路桥集团创新发展的主动探索者；创建三个目标（即建设目标、管理目标、团队目标），做山西路桥集团转型升级的有力推动者;实现两个效益(即社会效益、经济效益),做山西路桥集团精益运营的高效执行者。在企业组织方面,山西路桥集团的目标是完成来自山西省交通运输厅的委托,即希望完成已确定的昔榆高速公路的建设目标,以及昔榆高速公路数字化建设、运营、维护的目标。在政府层面,主管部门则希望通过建设昔榆高速公路来完善山西省"4 纵 15 横 33 联"的高速公路网,促进山西省经济社会发展,如图 1-2 所示。

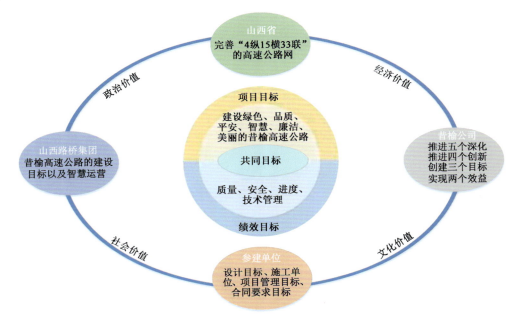

图 1-2　目标体系模型

不同主体之间有不同的目标,怎样将不同主体的目标进行融合并达成一致是一个需要解决的重要问题,只有将目标层有机结合,各参建方才能够实现"劲往一处使"。在共同的生态系统和社会系统中,昔榆高速公路项目形成了"山西省政府—山西路桥集团—昔榆公司—各参建单位"的组织层次。这些主体之间的目标通过不同形式实现融合,最终确立了"建设绿色、品质、平安、智慧、廉洁、美丽的数字化昔榆高速公路"的共同项目目标,其中又包括质量、进度、成本等绩效目标。尽管不同参与主体仍然拥有自己的主体目标,但他们必须对自身进行约束,相互协同以完成共同目标。各方共同努力建成的昔榆高速公路将实现经济、政治、文化、社会和生态等更高层面的目标。

(三)实践体系模型

昔榆公司积极运用现代信息管理手段开展项目数字化建设,积极响应国家关于数字化、智能化、智慧化的发展要求,从昔榆高速公路项目实践上做到数字化决策、建设和提升,勇担国企使命。对生产实践而言,昔榆高速公路项目在数字建造框架下建立高速公路品质工程项目数字化建设与管理体系,结合管理目标进行建设实践与应用实践,从而实现施工管理可感知、可预测、可决策。同时,该项目建立统一的工程物联网应用标准,为数字化技术与设备在公路工程建设中的应用提供规范化依据,从而推动新型基础设施建设在昔榆高速公路的落地与延伸,如图1-3所示。

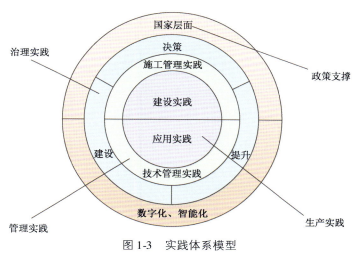

图1-3 实践体系模型

(四)工程体系模型

昔榆高速公路工程体系模型(图1-4)明确了昔榆高速公路的定位、工程建成后的功能以及工程投运后的价值。

图1-4 昔榆高速公路工程体系模型

昔榆高速公路工程体系包括路基工程、路面工程、桥梁工程、隧道工程。其中,路基工程又包括路基土石方工程、排水工程、小桥天桥渡槽、涵洞通道、防护支挡工程、大型挡土墙;路面工程包括路肩工程、沥青路面工程、混凝土路面工程;桥梁工程包括基础及下部结构、上部结构、防护工程、引道工程;隧道工程包括洞口工程、洞身开挖工程、洞身衬砌工程、支护工程、防排水工程。公路工程的扩展范围可分为经济、社会、生态三个层面,昔榆高速公路建成后对扩展范围起什么作用就是其功能,对扩展范围有什么效用则是其价值。

昔榆高速公路项目在数字化规划建设框架下开展信息化、智能化建设实践与管理实践,提出标准化、规范化的高速公路建设管理范式,极大丰富了数字技术在公路工程中的理论价值与应用方式,为品质工程建设提供了优秀范本。

四 昔榆公司"2361"数字管理平台

为提升工程设计施工数字化水平,创建品质工程,昔榆公司以"数字建造、品质提升、全寿命周期"为工作理念,运用互联网、大数据、BIM+地理信息系统(GIS)等技术,建立了从设计阶段到运营阶段具有自身特色的虚实交互、线上线下一体化的全寿命周期建设管理平台——"2361"数字管理平台。该平台作为昔榆公司打造品质工程的数字化引擎,包含两个管理平台(决策驾驶舱、GIS+BIM三维平台)、三个核心功能(安全管理、质量管理、进度管理)、六个具体应用(智慧监理、智慧监控、智慧路面、智慧梁场、智慧隧道、智慧物料)、一个"党建+"引领(智慧党建),如图1-5所示。

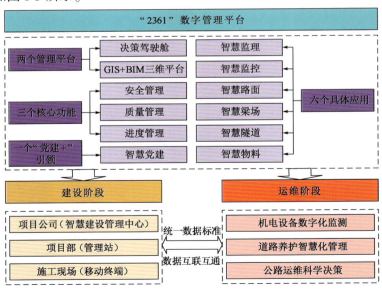

图1-5 "2361"数字管理平台

在工程建设阶段，昔榆公司依托"2361"数字管理平台开展三级智慧管控，即项目公司（智慧建设管理中心）、项目部（管理站）、施工现场（移动终端）分级管控，实现智慧建设全覆盖。工程由建设阶段转向运维阶段后，昔榆公司充分利用建设阶段的数据，通过对数字管理平台的数据整合，实现机电设备的数字化监测、道路养护的智慧化管理、公路运维的科学决策，确保运维工作的高效与精准。

"2361"数字管理平台通过统一的数据标准，将工程建设的数据信息进行交互与共享，切实提高工程全寿命周期的数据处理效率和决策的科学性。通过数据的互联互通，达到了工程管理"可管、可控、可视化"为目标，做到了组织全覆盖、人员全覆盖、项目全覆盖，实现了管理数字化与智能化，融合创新驱动，提升管理效能。

第二节 工程概况

一 项目介绍

昔榆高速公路是国家发展和改革委员会《关于支持山西省与京津冀地区加强协作实现联动发展的意见》中提出的重点建设项目，是山西省重点工程、晋中市交通建设领域"一号"工程。昔榆高速公路全线75%路段位于太行山区，沿线沟壑纵横，地质结构复杂，施工难度大，桥隧比高达55%。该项目与多条重要国、省道及高速公路交叉、衔接，预计2024年底全线建成通车。其建设单位昔榆公司由山西路桥集团与中铁交通投资集团有限公司共同出资，于2020年6月15日注册成立，肩负昔榆高速公路建设、运营维护等重要任务。昔榆高速公路的建设对于山西省中部地区连通京津冀、改善区域经济发展环境具有重大战略和经济意义。

二 工程简介

昔榆高速公路，即昔阳（晋冀界）至榆次高速公路，是山西省高速公路网"4纵15横33联"规划中第八横的重要一段。公路起点位于晋中市昔阳县太行山虎寨岭孔氏乡刀把口村东南省界处，经昔阳县、和顺县、寿阳县，终点位于晋中市榆次区庄子乡杨梁村，与榆祁高速公路K19+480处以立交枢纽兼出入互通形式相接。

昔榆高速公路采用双向四车道高速公路标准建设，设计速度为100km/h，整体式路基宽度为 26.0m，全长 125.370km。全线共设一般互通式立交 4 处、枢纽互通式立交 2 处，服务区 3 处，养护工区 3 处，路段管理中心 2 处，隧道管理站 3 座，匝道收费站 5 处，主线超限站 1 处。其中，闫庄连接线长 6.85km，马坊至松塔连接线长 21.22km，总占地 11318.39 亩❶（约 754.56 万 m^2），投资类型为政府和社会资本合作（PPP）模式下的建设-经营-转让（BOT）方式。图 1-6 所示为昔榆高速公路建设全景（局部路段），图 1-7 为涂河特大桥效果图，图 1-8 为昔阳枢纽互通式立交效果图。

图 1-6　昔榆高速公路建设全景（局部路段）

图 1-7　涂河特大桥效果图

---

❶　1 亩 ≈ 666.67m^2，余同。

图 1-8　昔阳枢纽互通式立交效果图

第三节　特殊地质条件介绍

一、地形、地貌及地质条件

(一)地形、地貌

昔榆高速公路自东向西穿越太行山区,总体地貌形态以山地为主,受后期地质构造和长期的侵蚀堆积作用影响,形成了山脉纵横、峰起峦连、沟谷深切的复杂地貌形态,海拔落差较大。本项目路段内最高点位于 K52+160 处,高程为 1665.34m;最低点位于终点附近 K128+080 处,高程为 864.84m,最大高差为 800.5m。

(二)地质条件

1. 地层

昔榆高速公路由东向西展布,依次穿越构造侵蚀溶蚀低中山区、黄土覆盖基岩中低山区、构造剥蚀低中山区、黄土丘陵区及中间穿插的山间河谷区,地层由老至新依次出露。

2. 特殊岩土与不良地质

项目区内的不良地质现象及特殊岩土主要为岩溶、采空区、滑坡、不稳定斜坡、湿陷性黄土。

二 特殊地质控制性工程部署安排

(一) 技术管控

1. 对路基工程采取高填深挖管控措施

特殊地质条件下,路基工程可能导致边坡滑塌、路基下沉、开裂等风险,因此,昔榆高速公路项目严审施工组织设计实施方案,确保方案的科学性、合理性、可行性。在项目实施过程中,及时完善排水系统,分层、分段进行路基开挖、填筑、压实,做好稳定性、沉降量、水平位移、挡土墙位移、边坡变形的监测工作。

2. 对桥梁工程采取高墩大跨径管控措施

特殊地质条件下,桥梁工程施工可能导致全高竖直度、顶面高程、轴线偏位、断面尺寸、合龙对称点高差、顶面横坡等偏差风险,因此,昔榆公司对专项建设方案组织评审与论证,并严格按照评审后的方案实施。此外,在高墩实施过程中,加强监控量测,保证墩柱的竖直度;挂篮安装前,先试拼再安装,并进行加载试验,以检验挂篮的承载能力、弹性变形量、预拱度;混凝土浇筑前,再次检查挂篮的承重结构、锚固系统、悬吊系统、模板系统等的安全性、可靠性;混凝土浇筑过程中,保证两端对称、平衡地进行,遵循变形和内力的双控原则,以变形控制为主;着重对合龙段悬臂梁段的轴线、高程和梁长受温度影响的偏移值进行观测,准确确定合龙温度、时间及程序。

3. 对隧道工程采取不良地质管控措施

特殊地质条件对隧道工程施工的影响为可能导致涌水、塌方等,因此,项目施工过程中应采取相应防控措施。例如,处理涌水采取超前钻孔或辅助坑道排水、超前小导管预注浆堵水、超前围岩预注浆堵水、轻型井点降水及深井降水;加强施工技术管理,了解设计提供的地质状况,明确设计意图;加强超前地质预报工作,若发现异常,及时研究并采取相应措施;选择正确的开挖方法及有效支护手段,防止隧道塌方。

(二) 安全、环保管控

1. 高填深挖段及填挖结合部施工安全管控

昔榆高速公路项目沿线路基工程高填深挖多,占线路全长的14.8%,其中高填5.271km/37段,深挖13.59km/60段,存在软弱夹层,具有坍塌、高处坠落、机械伤害的安全风险。因此,在项目实施过程中编制专项施工方案并严格执行,加强监控量测,并要求施工和监理单位的安全、技术、质量负责人每天前往施工现场监督检查。此外,加强作业人员安全教育培训,消除各类安全隐患。

2. 桥梁隧道施工安全管控

昔榆高速公路项目全线桥隧比为55%,其中桥梁最高墩高89m,最大跨径155m。公路沿线隧道溶洞多,围岩种类多、变化大;隧道开挖断层对隧道局部围岩稳定性有影响;地下水丰富,且有涌水现象。在此条件下,高处坠落、触电、火灾、坍塌、冒顶片帮、中毒窒息、爆炸等各类事故发生概率增大,施工安全风险大。基于此,项目开工前编制了墩柱、梁板、桩基、吊装、爆破、隧道施工各类专项施工方案,并在施工过程中严格执行。对高边坡、桥梁及隧道等重大、较大风险区域进行风险评估,划分风险等级并采取相应防控措施。通过数字化平台视频报告系统动态上传施工现场监控视频,管理人员可远程监管施工进度及各项数据。加强监控量测和超前地质预报,通过人员定位系统、有害气体监测系统、出入门禁系统进行实时监控。项目要求炸药在储存、运输、使用过程中轻拿轻放,严禁碰撞,避开人口密集区,实行"谁领用、谁负责"制度。各类作业人员持证上岗,施工和监理单位安全、技术、质量负责人每天前往施工现场监督检查,消除各类安全隐患。

3. 自采加工及"三集中"场站安全管控与环境保护

昔榆高速公路项目自采加工及"三集中"场站具有人员密集、工种复合、设备繁多、工作交叉、临时用电负荷大、工人素质整体偏低等问题,容易引发群体性伤亡事故。此外,材料多、生产及运输过程扬尘大、噪声大、生活生产用水及固体废渣排放等问题也普遍存在,容易对大气、水、环境造成污染。因此,加强现场安全管控与环境保护措施至关重要。在实施过程中,昔榆高速公路项目加强施工人员安全教育培训及安全技术交底,严格要求各工种人员持证上岗,并保证设备检验合格。安全管理人员加大场站巡查力度,搭建"幸福小镇",进行人员统一管理,增强人员安全意识,提高工人素质。项目还应用环境监测系统,严格落实六个百分百标准,施工过程中注意使用环保、防尘设备。此外,项目现场的生产、生活污水经沉淀、过滤后回收利用,能够用于工程养护和降尘。

4. 取、弃土场环境保护

取、弃土场若选址不合理,可能导致水土流失、植被破坏、大气污染等问题,因此,取土场选址时宜选在旱地、荒沟与植被稀疏地带,弃土场选址应远离居民区与河流。水保监理、监测单位的及早介入保障了项目沿线水环境健康,施工完毕后及时进行的坡面防护有效预防了因施工导致的水土流失,如在坡面种植紫穗槐进行防护等。

(三)质量管控

昔榆公司质量管理领导组邀请专家团队组织各标段开展质量风险评估。一方面,针对检查施工图阶段所做的全部风险评估结果和相关数据资料,结合每个标段自身施工水平和现场情况,对风险进行识别、评估和管理;另一方面,根据风险等级制订风险管理计划,建立工程质量重点难点风险清单,完善质量风险控制措施和运行机制。

首先,健全施工组织设计编制、审查和执行落实体系。施工单位严格按照已审定批准的施工组织设计文件组织施工,如需对其内容做较大变更,应在实施前将变更内容书面报送项目监理机构重新审定。其次,严格执行专项施工方案论证审查制度。对于超过一定规模的危险性较大的分部分项工程,还需组织专家对施工单位编制的单独的安全技术措施文件进行论证,经施工单位技术负责人、总监理工程师、建设单位负责人签字后方可组织实施。最后,针对路基填挖结合部、高填方、高墩柱、悬臂梁、不良地质处等重点、难点工程采取不同的质量管控措施。

第四节　数字化赋能品质工程建设

一　数字化赋能安全管理

为落实品质工程建设目标及平安工程创建要求,昔榆公司树立"安全为天"的理念,在项目实施过程中不断追求风险可控和本质安全,提出"一套体系、一条红线、五个抓手、一张保单"的安全生产管理"1151"工作机制,坚持"预防为主、保护优先、施工和保护并重"的原则,稳步落实各项工作。昔榆高速公路项目构建安全生产责任、安全风险管控、安全生产保障、隐患排查治理、应急救援处置五大体系,通过传感器终端、数据处理中枢与数字化系统平台的有机结合,实时上传、系统传输、动态展示施工进度、结构健康、机械状态等安全风险信息,全方位、多视角把控项目安全生产态势。昔榆高速公路项目构建平安交通安全管理平台,通过数字化方式高效、智能地实现了项目安全管理。

昔榆高速公路项目将数字平台与施工安全管理协调融合,形成安全风险分级管控和隐患预防治理的安全风险管理体系,实现安全管理数字化。在管理平台上,针对高速公路项目建设过程中可能存在的安全风险,昔榆公司提出风险分级管控要求并编制风险清单,进而形成标准化的风险库,实现风险告知、监测预警、较大及以上风险痕迹管理等数字平台功能。在隐患治理与预防方面,数字化平台的应用为安全隐患排查提供了便利,并节省了人力物力,搭建日常检查、节假日检查、季节性检查全时段监管,排查、整改、验收、销号多阶段闭环的工程隐患排查与预防体系。数字化监测与传感器终端在安全监测工作中起着至关重要的作用,通过对全路段、全方位、全天候的视频监控与实时数据上传,真正实现"被动"监控向"主动"监控的转变。将传感器、视频监控设备等多种数字技术及设备有机结合,不仅能够实现对隧道超欠挖、沉降等施工部位及问题的动态监管,脚手架、起重机等涉及重大安全问题的施工机械设备也在监管范围内,从根源上扼杀安全事故发生的苗头。此外,昔榆公司依托安全管理平台,建立健全"1+N"应急管理体系,修订施工安全应急预案并搭建应急演练情景库,有助于全面提升施工现场全体人员的应急管理综合素质。

二 数字化赋能质量管控

通过统一门户、统一组织结构、统一人员信息,昔榆公司搭建了工程建设质量监管系统,实现了进场原材料质量管控、场站半成品质量管控、现场生产质量动态管控、工程实体质量智能监测管控以及质量管理行为动态管控等目标,取得了质量责任更加明确、质量管理更加精细、质量分析更加真实的实施成效。

数字技术在昔榆高速公路项目中的应用使工程建设质量责任透明化、动态化地落实到岗、追溯到人,数字化平台具有线上培训、考勤数据记录存储及月度考核等功能,并形成对监理单位企业主体责任的评价机制。风险防控数字化管理包括以下几部分内容:①原材料管理,通过数字化平台的使用,实现原材料入库、使用、报废全周期的闭环数据监控,确保每一项材料消耗都记录在案;②工地试验室信息管理平台,对工地试验室人员情况、设备状况等数据进行实时记录与报表分析,进而形成管理台账,为项目与公司管理人员了解样品检测结果提供便利;③试验机数据物联网智能采集,在混凝土强度与施工质量的监测中发挥重要作用,在提升工作效率的同时减少人为差错的产生;④试件见证取样,引入二维码系统和射频识别(RFID)技术,解决了人员不在场或取样不及时的问题,增强了试件取样数据的可追溯性;⑤地磅动态监控,实现对材料数据的信息化收集与实时更新,克服人工操作弊端,同时加强了各部门在数据管理上的一致性;⑥移动收发系统,实现材料接收、发送环节的无纸化办公,有效解决材料数据更新不及时、记录出错等人工误差造成的问题;⑦拌和站管控,对于拌和站工作流程,通过智能采集终端对油石比、混合料温度、级配曲线等数据实时采集上传,并以消息推送的形式实现预警功能;⑧工序管理系统,以每道关键工序施工完成的阶段性检查工作任务为轴线,通过上传记录施工人员、质检人员、监理人员检测的实时照片实现"三检"制度的落实;⑨首件工程管理信息系统,通过对首件工程各项质量指标进行评价,发挥样板品质工程的示范引领作用。此外,管控保障数字化管理系统建立质量二维码系统、质量问题整改清单和质检资料电子档案,借助数字化方式有效提升了项目建设日常质量管控效率。

三 数字化赋能绿色环保

昔榆公司在项目建设过程中严格落实"三同时"原则、"四节一环保"要求及"六个百分百"工作标准，从绿色设计、生态环境监测、资源占用控制等方面抓起，全面提升资源节约、生态环保措施水平，打造绿色示范工程。数字化技术的引入使用，在环保方面给予了昔榆高速公路项目很大助力，主要体现在公路沿线生态环境的保护、各类资源节约与循环利用及节能减排三个层面。

在数字化生态保护层面，昔榆高速公路项目应用扬尘噪声监测系统，通过监测邻近施工区域空气中的 PM2.5、环境温度、空气湿度、风速风向等参数数据，并对监测数据进行存储、加工和统计分析，严密监控项目建设对周边环境的影响。同时，昔榆高速公路采取植物微生态循环栽培措施，结合项目区内贫瘠缺水的恶劣地质条件，运用钵苗一体栽植技术与智能滴灌技术改善生态环境，并为在建工程生态修复难题提供新的解决方案。在数字化资源节约层面，主要从临建工程智慧规划和污水排放智慧控制两个方面进行。昔榆高速公路项目采用 BIM 技术进行临建工程的设计与管理，将项目现场真实坐标与三维模型相结合，为施工便道规划和场地规划提供真实可靠的决策辅助。污水排放智慧化管理主要针对隧道污水与拌和站污水排放，其中隧道污水排放采用絮凝沉淀 + 过滤措施，拌和站污水排放则通过打造拌和站废水处理一体化设备，实现污水排放的智能化监测以及自动生成季度环境监测报告等数字化功能。在数字化节能减排层面，主要分为施工用电智能管理、智慧能源运维和交能融合示范三个方面，从实时数据收集与面对当前问题入手，有效解决和预防高速公路建设及运维阶段能耗浪费问题。

四 数字化赋能低碳运维

在项目运维阶段，昔榆公司秉持降碳增效原则，借助数字化手段与设备进行路况养护与资源管理。

数字化赋能低碳运维主要包括数字化低碳养护、数字化低碳运营、恶劣天气安全通行和运维管理数字化对策四个方面。数字化低碳养护面向养护管理数字化转型，通过物联网技术、数据湖技术等实现公路资产管理、日常道路养护、机电设备维护等功能。数字路产管理基于 BIM + GIS 与数字孪生技术的有机结合，打造"路产一张图"，实现路产管理养护的精细化、数字化。在物联网技术、人工智能（AI）图像识别等数字技术与设备的辅助下，昔榆高速公路项目能够实现对全路段路面情况的日常巡检、定期检查、结构监测等，形成全周期全业务检查监测体系。

数字化低碳运营面向昔榆高速公路运营阶段全场景、多维度的需求，以数字化的形式实现信息流通共享和运营管理效率提升。在"一网通办""一网统管"的业务支持平台上，能够实现对指挥调度、应急处理、清障管理等日常运行事务的管理，对资产台账、低值易耗品、备品备件等资产的管理，对计划、采购、合同等的综合管理，以及对病害养护知识库、事件知识库等的管理。同时,数字化技术与设备的投入还体现在桥梁结构监测、隧道智能监管和智慧服务区运维等方面,力求实现运营阶段数字化全覆盖。

恶劣天气安全通行关系到路段封闭、车辆安全及通行效率,是高速公路运营过程中面临的重要问题。昔榆高速公路构建了恶劣天气综合感知、路况精益化管理和科学分析决策一体化的恶劣天气管控平台,实现在恶劣天气下最大限度地降低事故发生率,减少路段封闭次数与时间,提高通行效率。

此外,昔榆高速公路在运维阶段的低碳数字化还包括智能决策支持、多参与方统筹调度、提升安全通行能力、提升车路交互效率等,将高速公路运行通车所涉及的各利益相关方囊括在内,使昔榆高速公路能够通过数字化赋能提升运维效率。

第五节　本书主要内容

品质工程数字化建设管理的核心是以一种更智慧的方法来改进工程各组织和岗位人员的交互方式,以便提高交互的明确性、效率、灵活性和响应速度,从而实现公司与项目部之间、项目部各参建方之间的移动办公、数据记录、文件中转与留存等功能。此外,还能够提高信息交互的及时性,减轻人员的工作强度,并进一步明确岗位职责,降低项目风险。通过品质工程数字化建设项目的实施,昔榆高速公路将工程设计、质量管理、安全管理、运维管理等内容,从传统的定性表达转为数字化的定量表达,实现工程建设的品质化、数字化管理。

昔榆高速公路品质工程数字化建设与管理主要包括运用数字化手段,通过三维设计平台对工程项目进行精确设计和施工模拟,围绕工程全过程管理,建立互联协同、智能生产、科学管理的项目数字化生态圈。与此同时,昔榆公司数字化平台在虚拟现实环境下将物联网所采集到的实际工程信息与虚拟数据相结合并进行深入挖掘分析,为项目实施提供过程趋势预测与风险应急预案,实现工程施工可视化、数字化管理,提高品质工程管理水平。

本书以品质工程数字化建设理念为切入点,以科技创新提升为驱动力,从工程设计数字化、工程管理数字化、质量管理数字化、安全管理数字化、绿色环保管理数字化以及低碳运维数字化等层面对昔榆高速公路品质工程数字化建设过程进行剖析阐述。第二章从品质工程数字化概述、品质工程数字化建设思路及举措、工程全寿命周期数字化管理平台三个方面对品质工程数字化建设理念进行解析;第三章所讲述的工程设计数字化以数字化设计概述、数字化设计平台建设、数字化技术及应用、BIM全专业协同设计应用四个方面为主,展示了数字化技术与工程设计融合应用效果;第四章将工程管理数字化分为低碳施工管理数字化、工程场景数字化、智慧劳务与智慧监理四个主要部分进行阐述;第五章从微创新技术应用、"四新"技术应用、工法制定、制定施工技术规范四个方面展示昔榆高速公路如何实现工程科技创新提升;第六章为质量管理数字化,主要展示了包括质量责任、风险防控、管控保障三部分内容在内的施工全过程质量管理;第七章的主要内容为安全管理数字化,以安全风险管理体系、安全智慧监控、安全应急管理、平安工地建设四项内容为主,讲述了项目实施过程中人、材、机等资源的安全管理及应急措施;第八章的绿色环保管理由生态保护、资源节约、节能减排三方面内容组成,深刻体现项目建设过程中对环境影响的重视与贯彻落实;第九章为低碳运维数字化管理,从低碳养护数字化、低碳运营数字化、恶劣天气安全通行以及提升低碳运维管理效率四个角度入手,将品质工程数字化建设理念与行动贯彻到公路全寿命周期的每一个阶段;第十章为"党建+"品质工程建设的相关内容,这一部分作为项目建设核心精神指引不可或缺,从品质工程文化建设、工人队伍素质提升、管理人员素质建设以及企业竞争力提升四个方面对该部分内容进行讲述,展现昔榆高速公路建设团队的良好精神风貌,突显党建引领的重要作用。

第二章 CHAPTER 02

品质工程数字化建设理念

第一节　品质工程数字化概述

一　政策背景

2015年10月,交通运输部组织召开全国公路水运工程质量安全工作会,会上提出了打造"品质工程"的新理念。2016年12月,交通运输部印发《关于打造公路水运品质工程的指导意见》(交安监发〔2016〕216号),文件明确:品质工程是践行现代工程管理发展的新要求,追求工程内在质量和外在品位的有机统一,以优质耐久、安全舒适、经济环保、社会认可为建设目标的公路水运工程建设成果。随后,交通运输部办公厅印发《关于开展公路水运品质工程示范创建工作的通知》(交办安监〔2016〕193号)。

2017年9月,中共中央、国务院印发《关于开展质量提升行动的指导意见》(中发〔2017〕24号),明确要求,确保重大工程建设质量和运行管理质量,建设百年工程。2017年12月,交通运输部办公厅印发《公路水运品质工程评价标准(试行)》(交办安监〔2017〕199号),示范创建项目品质工程将从工程设计、工程管理、科技创新、工程质量、安全保障、绿色环保、软实力七个部分进行评价。紧随其后,交通运输部办公厅再次印发《"平安百年品质工程"建设研究推进方案》(交办安监〔2018〕147号)。

"十四五"时期,交通运输部印发《公路"十四五"发展规划》(交规划发〔2021〕108号),该规划明确指出:"推动平安百年品质工程建设。深化全生命周期理念,推行构(配)件、部(品)件标准化设计,应用建筑信息模型技术,推动智能制造实施,实现智慧化管理。继续深入开展平安工地建设,完善工程质量安全管理体系。开展百年品质工程创建示范,推动基础设施安全性、耐久性不断提升。"

2023年,为统筹推进质量强国建设,全面提高我国质量总体水平,中共中央、国务院印发《质量强国建设纲要》,其中专栏3为"建设工程质量管理升级工程",要求:"积极实施质量管理标准化示范工程,发挥示范带动作用,推动工程建设领域优质化、品牌化发展。推动精品建造和精细管理,建设品质工程。"

为促进公路数字化转型,加快智慧公路建设发展,提升公路建设与运行管理服务水平,2023年9月,交通运输部印发《关于推进公路数字化转型加快智慧公路建设发展的意见》(交公路发〔2023〕131号),意见中贯穿了三条主线:一是业务流程,按公路勘察、设计、施工、养护、运行全生命期业务链条展开,加强市场监管和政务服务,完善技术标准,夯实数字化基础;二是数据要素,将数据作为核心要素贯穿全文,包括数据的生成、获取、汇总、联网、算法、应用、服务、保障等;三是各类主体,充分考虑不同等级公路各类从业单位的特点,突出项目法人在实施层面的主导作用,注重针对性、实用性,强调"重安全、保畅通、提效率、优服务、降成本、减排放"。

基本内涵

品质工程数字化是践行工程建设数字化转型发展的新要求,以推动工程建设、管理、养护、运行、服务全流程数字化转型为指导思想,将新一代信息技术赋能品质工程建设,以追求工程内在质量和外在品位的有机统一。品质工程数字化的基本内涵可概括为建设理念精深、管理举措精细、技术创新精妙、质量管理精确、安全管理精准、工程建设精品。

品质工程数字化具体内涵是建设理念体现以人为本、数字化赋能、本质安全、全寿命周期管理、价值工程等;管理举措深化新一代信息技术与工程建设管理融合,实现人本化、智能化、数字化、专业化、标准化和精细化;技术进步展现科技创新与突破,先进技术理论和方法得以推广运用,包括先进适用的新技术、新工艺、新材料、新装备和新标准的探索与完善;质量管理以保障工程耐久性为基础,以落实数字化管理为手段,促使工程实体质量、功能质量、外观质量和服务质量均衡发展;安全管理以追求工程本质安全和风险可控为目标,以加强安全应急数字管控,保障促进工程结构安全、施工安全和使用安全协调发展;工程建设坚持可持续发展与数字化保护,在生态环保、资源节约和节能减排的信息化监测与数字化治理等方面取得明显成效。

建设方针

在云计算、大数据、物联网等技术快速发展背景下,总结探索新一代信息技术和泛在感知设备与传统公路建设的深度融合,推动公路品质工程建设数字化、智能化转型。

(一)目标导向,创新驱动

以品质工程建设为目标,着力加强工程建设的理念创新、管理创新、技术创新,为品质工程数字化建设注入动力。

(二)数字赋能,效益提升

立足工程质量提升与安全保障,依托数字技术构建公路设计、施工、养护、运营等"一套模型、一套数据",实现全寿命周期数字化,着力提升工程品质,提高工程投资效益和社会效益。

(三) 统筹推进,平台带动

坚持统筹规划,充分发挥数字化管理平台对品质工程建设的带动作用,建立健全适应数字化的公路标准体系,注重品质工程数字化进程的专项攻关和重点突破,探索品质工程数字化建设与管理模式。品质工程数字化需要涵盖设计、管理、创新、质量、安全、环保等品质工程的核心内容,充分依托以 BIM 技术为核心的数字化技术,推动公路建设、管理、养护、运行、服务数字化技术深度应用,实现不同环节间数字化流转,提升质量和效率,降低建设成本,促进施工建造方式和工程管理模式变革。品质工程数字化内涵如图 2-1 所示。

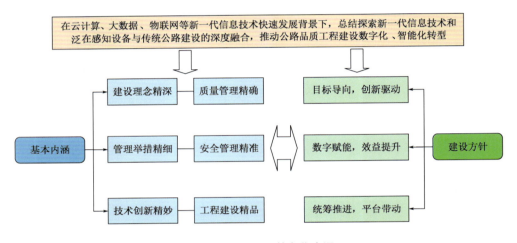

图 2-1　品质工程数字化内涵

第二节　品质工程数字化建设思路及举措

品质工程数字化的建设将以工程全寿命周期数字化管理平台为核心,紧紧围绕工程设计、工程管理、工程技术创新、工程质量、安全保障、绿色环保、软实力打造七部分开展,其建设思路如图 2-2 所示。

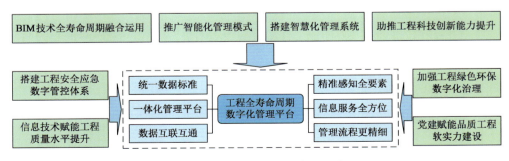

图 2-2　品质工程数字化建设思路

一 BIM 技术全寿命周期融合运用

BIM 技术是通过工程建设项目的各相关方的信息协同，以数字信息仿真模拟建设工程全寿命周期各阶段的存在形态，从而指导工程的设计、施工、运维阶段，在为项目设计和施工提供有效支持的同时，也为项目各参与方提供协同工作和交流的平台。

（一）规划设计阶段

1. 基于虚拟地理环境建模平台的选线设计

公路工程作为线性工程，跨山川、河流、峡谷是很难避免的，在设计阶段的路线选择工作量庞大。建立一个基于网络地理信息系统和三维地理信息系统的虚拟地理环境建模平台，将在很大程度上解决道路选线的难题，同时可高效进行线路模拟和综合分析，其架构如图 2-3 所示。

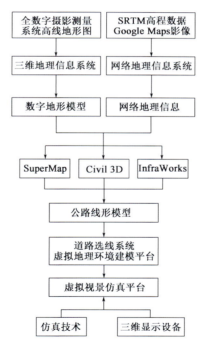

图 2-3　虚拟地理环境建模平台架构

一方面，可获取 SRTM 高程数据、Google Maps 影像等开放网络地理信息资源；另一方面，利用全数字摄影测量系统，可通过航摄像片、卫星遥感影像、倾斜摄影快速获取数字地形模型、正射影像地图及数字等高线地形图等数字地形资料。再将获取的地理信息和地形数据通过 SuperMap、Civil 3D、InfraWorks 等软件平台建立公路线形模型，同时利用仿真技术和三维显示设备进行虚拟视景仿真体验，可对多种线路进行方案比选和对比分析。

2. 基于数字高程模型(DEM)的土方量计算

数字高程模型(DEM)是用一组有序数值阵列形式表示地面高程的实体地面模型。利用 DEM 对土方量进行计算实质上是计算初始地面与设计地面之间的体积差值,通过 Civil 3D 软件,运用此方法将道路模型曲面与原有地形曲面相比较来计算土方量,和传统方法相比,通过三维模式下两个曲面的比较更为准确。

通过建立 3D 关联数据库,可以准确、快速计算并提取工程量,提高工程算量的精度和效率。BIM 遵循面向对象的参数化建模方法,利用模型的参数化特点,在表单域(Field)设置所需条件对构件的工程信息进行筛选,并利用软件自带表单统计功能(Schedule)完成相关构件的工程量统计。

(二) 施工建造阶段

1. BIM 技术在施工方案和施工进度中的应用

传统的道路施工方案及施工进度多采用二维横道图进行展示,并不能真实反映施工进度的实施情况,加之施工方与设计方意图理解不一,极容易造成计划变更,延误工期。运用 BIM 技术,可以针对高速公路点多线长的特点以及项目需求进行 BIM 施工模型及多层次施工技术的运用,实现施工的可视化管理。采用 BIM 5D 的虚拟仿真环境,通过软件平台将道路模型导入,进行施工段分区、施工方案设计和虚拟推演,加入时间进度以动态检查方案可行性,并且系统自动生成施工进度横道图。施工过程中,可实时查看工程量,动态掌控实际施工进度与施工计划的关系,及时调整施工顺序,安排施工区段进场时间,使高速公路施工技术管理更加科学、规范。

2. 基于 BIM 模型的虚拟施工现场模拟

BIM 技术与其他技术最大的不同是使用参数代替数据信息进行建模。将公路工程中各种数据信息以参数的形式表示,对不同参数进行分析,实现公路工程三维、立体模型的建立,能够准确、清晰地将不同施工环节以不同参数的关系表现出来。通过建立施工现场及设备布置模型,1∶1 模拟道路实际施工场地,自动定义施工设施的 4D 属性,包括查询其名称、类型、型号以及计划设置时间等施工属性,并可进行场地设施的信息统计等,将场地布置与施工进度对应,形成 4D 动态现场管理。通过建立三维施工现场模型,布置设备放置位置、控制进场时间、综合管理料区、模拟吊装过程,让各区段参与方直观了解工作进度和施工流程,对机械配置、劳动力配置、安装时间进行调控,在一定程度上解决因施工现场布置不当造成的施工质量和工期延误问题。

3. BIM 技术在施工安全、技术交底中的应用

在工程施工过程中,需要对施工队伍进行具有可操作性、符合技术规范的分项工程施工和

安全技术交底。BIM技术通过三维数字模型的建立与工程建设项目相关的各项信息的集成，建立资源信息模型，构建资源管理子系统和可视化安全管理平台，实现细部构件的提取和可视化管理。运用BIM技术，实现对公路工程的分部、分段分析，重点展示重要的施工环节、工艺等，提高管理人员和施工人员对施工工艺的理解和记忆。利用移动终端采集现场数据，建立现场质量资料、安全隐患等数据资料，与三维模型实时关联更新，将问题可视化，及时纠正，并做好统计分析，保证施工正常进行。

（三）运营维护阶段

1. BIM和GIS的集成实现道路养护和信息管理

三维地理信息系统基于空间数据库技术，可实现基础地理数据的快速采集和带状三维场景的无缝集成，通过对检测设备和系统综合集成，提高可视性和协同性。IFC（Industry Foundation Classes）和CityGML（City Geography Markup Language）分别为BIM和3D GIS领域通用的数据模型标准，两类数据模型的几何、语义信息共享为BIM与GIS的集成提供了条件。现已论证信息模型能够在BIM和GIS领域和软件平台无损转换和无缝连接，从而实现一种从BIM实体模型自动提取多细度层次GIS表面模型的方法，为线性工程数据整合、辅助运维管理奠定良好基础。

利用传感器和移动测量系统建立实景三维GIS，结合竣工模型，对道路的每一个区段、设备、构筑物进行实时监测，及时调取数据参数，导入路网实时数据库和历史数据库，建立道路动态养护平台，有利于应急抢险的科学快速决策，实现公路工程全寿命周期内模型、数据的统一存储、分析。

2. BIM技术在公路工程信息化运营管理中的应用

运用BIM技术建立公路工程运维管理平台，整合公路设计、施工阶段的工程信息资源，解决建设和养护阶段的信息分离问题，实现设备故障报修、定期定段养护提醒和智能化维护。通过三维模型进行设施设备的统一编码，该编码作为唯一标识载入数据库，同时保存工程建设、施工阶段的信息资料。此外，结合GIS数据库信息形成数据库，各个相关方对数据库中的信息进行提取、筛选，实时掌握道路运行情况和设备维修位置，进行健康检测和信息化管理。

同时，需要将高速公路中的隧道、桥梁等设施信息和BIM模型相互衔接，借助BIM模型，对模型内的大量属性进行可视化管理与查询，用于形成更为完整的认识，并将各种不同类别的资源信息有效融合，形成更为完整的文件关联系统。此后，养护管理工作均可借助模型数据库中的信息技术提高工作质量与工作效率。

二 推广智能化管理模式

积极探索应用互联网、物联网技术，推行工程建设信息化管理，创新质量安全管理手段，引进实行人-机-料数字化管理，充分利用互联网、智能手机高效、快捷的优势，实现对工程现场的远程控制管理。

（一）人员数字化管理

所有现场工人实名登记并实行二维码管理，录入指纹或人脸用作识别对象，实现项目"一卡通"。工人的二维码贴在安全帽上，扫描二维码，除工人基本身份信息外，还附有应知应会、应急救援的相关内容，指纹或人脸识别用于考勤、会议、交底签到以及施工现场门禁进入。此外，安全会议、安全交底和班前交底均采用指纹或人脸识别签到和现场拍照上传系统相结合的形式，杜绝造假。

（二）机械管控数字化

机械管控系统是一套完整的物联网解决方案，利用"物联网+人工智能"技术将工程机械的进场、施工、调度、结算全流程进行智能化管理，更精准、更高效地监测机械各项状态，使管理人员可以及时检查现场情况并进行远程指导管理，在提高管理效率的同时节省更多成本。

（三）材料管理数字化

工程项目材料管理系统对工程建设项目中所用的水泥、钢筋、外加剂等各种原材料进行有效管理。从材料的进场登记（进场日期、批次、厂家、数量、存放位置等），到材料的指标检测情况，再到材料的使用登记（使用日期、批次、厂家、数量、使用工程部位等），均进行有效管控，实现材料进场、检测、使用等各环节的全过程追踪溯源。

三 搭建智慧化管理系统

（一）全线视频监控

在工地试验室的土工室、力学室、沥青室、沥青混合料室、水泥室、水泥混凝土室、化学室等主要功能室安装摄像头，实时监控相应试验的操作过程。在预制梁场、小型构件预制场、拌和站、钢筋加工场等重要场站安装摄像头，实时监控场站的规范化管理。在大桥、特大桥的两端、隧道洞口等部位安装摄像头，实时监控施工流程，规范现场作业行为。在梁场龙门架、现浇梁支架、高墩施工等重大危险源的部位安装摄像头,实时监控重大危险源作业。引入无人机监控系统,与视频监控形成联动,灵活监控,减少监控盲区。

(二)试验室检测数据采集

应用互联网、物联网技术,构建全新的工地试验室信息管理系统,采集试验人员信息、试验设备信息、试验数据、试验频率,实现建设项目参建单位对工地试验室日常管理和业务处理需要。在压力试验机、万能材料试验机、车辙试验仪、马歇尔稳定度测定仪、燃烧炉、沥青软化点测定仪、沥青延度仪和针入度仪、标养室控制器等安装数据采集模块,实时采集上述9个仪器的试验数据或控制参数,并上传至管理平台。

(三)拌和站配合比智能管控

基于"云计算+物联网"技术,运用自动控制、无线传输等先进信息化技术手段,实现对混凝土拌和站、水稳拌和站、沥青拌和站等全部路材生产设备全过程自动化监控。系统绑定项目管理人员微信账号,每天及时反馈各个标段生产情况,并依据报警严重情况不同,将信息发送给不同人员,同时自动上传至质量安全一网通信息平台实行闭合流程处理。

(四)路面智慧摊铺监测

监控机械运行状态,路面摊铺作业监控摊铺机行进速度,并具有超速报警功能,实时监测摊铺机松铺厚度、温度、夯锤振捣频率等;碾压作业监控系统实时采集压路机行驶轨迹、错轮搭接轨迹、压路机行驶速度,实时智能换算当前路面压实度。同时,对主要设备实施二维码管理,扫描二维码即可查询设备型号、维保记录等信息。

(五)隧道动态信息监控

隧道施工应用人员动态信息监控系统及人员定位,洞门设置门禁系统,人员通过指纹或人脸识别进出,当有作业人员进出隧道时,监控系统会自动增减相应作业人员,并将作业人员信息实时反馈在隧道洞外的发光二极管(LED)屏上,并上传至质量安全一网通信息平台。通过运用动态信息监控系统,可以清楚知晓隧道内现场作业人员数量及位置,加强现场人员管控,并有利于突发事件应急救援开展。

四 助推工程科技创新能力提升

大力鼓励班组推广新技术、新材料、新工艺、新设备"四新"技术的应用,支持班组积极开展"三微改"、质量控制(QC)小组、"五小发明"等创新活动,对成效优、效益好的技术成果予以丰厚奖励,激发施工技术人员与班组的创新活力,进一步弘扬工匠精神,提升工程品质。

（一）推广新技术

在路基工程施工中，应用高速液压夯技术，对台背、填挖结合部等薄弱环节进行重点夯实；应用平板液压夯技术，对边坡、路基边角等部位进行夯实处理；应用一次成型土路肩摊铺机滑模法施工土路肩；将路基开槽磨具装载于拖拉机、挖掘机上，用于开挖排水沟、边沟及其他预留预埋沟槽。此外，路基工程采用高速液压夯（装载机配置）、平板液压夯（挖机配置）施工技术和小型构件滑模施工工艺，桥面铺装采用新型桥面抛丸技术等。

（二）应用新材料

路基土壤改良应用土壤固化剂作为固结材料，减少水泥、石灰用量。路床填筑采用工业废料电石渣、粉煤灰等代替灰土和水泥，低填浅挖采用钢渣换填，实现固废利用。路面水稳结构使用基层抗裂剂材料，减少基层裂缝，沥青中面层添加高模量抗车辙剂，有效解决高温车辙问题。桥梁工程中，伸缩缝安装采用钢纤维混凝土，易施工且造价低，桥梁墩柱使用粉煤灰高性能混凝土，和易性、耐久性好，强度高。隧道中央排水管应使用耐腐蚀新型高分子复合材料，毛细排水板、电缆沟槽盖板应使用耐腐蚀、阻燃性良好的新型高分子复合材料，方便检修，减少损坏。

（三）采用新工艺

路基临时排水采用砂浆或混凝土等耐水性材质临时排水沟渠。对于边沟、路缘石、路边板等连续标注尺寸构造物，采用滑模施工工艺。用于路面施工的沥青混合料使用液化天然气加热。桥梁支架采用混凝土预制块或水箱预压，桥梁墩柱施工采用液压爬模施工工艺。

（四）推广应用先进设备

在路面工程施工中，水稳拌和采用二次拌和设备，水稳基层应用大宽度大厚度抗离析摊铺机，路边侧模板选用钢模板或高强铝合金模板，沥青路面摊铺采用数字非接触式平衡梁进行路面找平，提高平整度。

在桥梁工程施工中，钢筋加工采用智能机器人加工技术，配备数控弯曲机、数控整捆切割机、自动焊接机器人、桩基钢筋滚焊机器；梁板预制应用钢筋笼加工定位胎膜、自动绑扎钢丝机、液压一体化模板、预应力智能张拉压浆操作系统、智能喷淋养护系统、可移动可伸缩保温保湿养护棚，桥面铺装使用轨道式或悬挂式红外线自动找平整体式三辊轴铺装设备，防撞墙施工使用维特根滑模摊铺机。

五　信息技术赋能工程质量水平提升

以工程质量安全耐久为核心，强化工程全寿命周期理念，明确耐久性指标控制要求，落实工程质量责任，强化考核和责任追究；推进质量风险预防管理，全面推行产品认证制、首件工程认可制；严格落实交通运输部"五化"管理理念，施工标准化覆盖率达到100%；新设备和智能化设备配备率达95%；工程质量通病得到有效治理，耐久性提高；一般质量指标抽检合格率、关键质量指标抽检合格率、平均抽检合格率均达山西省交通运输厅质量目标96%、98%、97%的要求。此外，明确质量指标，持续抓好"六个提升见实效"。

（一）桥面系施工质量提升

持续加强桥面系施工质量提升，充分保证桥梁的功能性、可靠性和耐久性。重点加强桥面铺装混凝土厚度、钢筋网片定位、防撞护栏钢筋保护层厚度、混凝土强度和护栏线形的控制。积极推广应用水泥混凝土三维激光摊铺机，严格控制桥面铺装高程，控制钢筋网的绑扎定位，保证铺装混凝土的厚度和钢筋保护层厚度；防撞护栏钢筋焊接和模板安装应采用"五线法"工艺控制，严格控制护栏边线、折线和底线的位置、尺寸和线形；采用圆饼形或梅花形同强度垫块，保证保护层厚度合格率；严格成品混凝土湿法养护，保证混凝土强度百分之百合格。

（二）路面工程施工质量提升

持续加强路面施工质量的提升，重点提高路面结构层厚度、压实度、平整度和面层渗水系数指标的合格率。严格落实原材料进场车车检机制，严格混合料配合比的设计和验证，做好试验段首件工程数据的整理、分析和总结，积极应用路面无人摊铺、压实成套设备及3D自动找平系统，实现路面施工管理信息化、自动化，消除人为误差，提升路面质量。

（三）交安工程安装质量提升

开展交安工程安装质量提升专项行动，重点提升波形梁梁板线形、立柱埋置深度和竖直度、标线厚度等施工、安装质量。严格控制原材料质量，加强进场波形梁梁板基底金属厚度、立柱基底金属壁厚的检测；加强施工技术交底和施工人员业务技能培训，提高现场安装工艺水平，严格立柱中距、竖直度和埋置深度控制，严格保证螺栓终拧扭矩符合规范要求。

（四）防排水系统"三同时"落实

严格落实防排水系统设计、施工、验收投入使用"三同时"要求，坚持"以排为主，防、排、截、堵结合，综合治理"，预防和治理路基水毁灾害。工程开工前，详细调查地质水文情况，在项目二次经营开发的同时进行防排水系统二次设计。开工后，防排水系统应与主体工程同时组织施工，截水沟、排水沟应在路堑开挖和路堤填筑前施工完毕；多级路堑开挖时，平台排水沟应在下级路堑开挖前施工完毕；坡面防护应在路基工程交工前施工完毕；路基临时排水系统应与路基同步施工，保证施工期间路基外地表水不流入路基、路基内地表水迅速排除。防排水系统应做到施工一段，与当地排水系统有效连接一段，及时验收投入使用一段，不能及时完成永久性防排水系统施工的路段也应提前设置临时防排水系统。

（五）主体结构尺寸质量提升

开展主体结构尺寸质量提升专项行动，重点提升桥梁梁板尺寸、隧道内轮廓高度等主体结构尺寸，挡土墙、护面墙等防护支挡结构断面尺寸，边沟、排水沟、急流槽等排水系统铺砌厚度、断面尺寸，以及预制梁板安装尺寸的质量控制。积极探索 BIM 技术在结构尺寸计算、定型模板设计、技术交底和实体安装施工中的应用；高度重视项目设计交底、工程交接桩和原始基准点复测工作，严格落实施工测量复核签认制度；严格实体质量检验评定，确保工程实体结构尺寸质量符合设计要求。

（六）混凝土外观质量持续提升

持续开展混凝土外观质量提升攻关，重点加强混凝土表面色差、错台、蜂窝、麻面等的外观缺陷控制。严格落实《混凝土结构工程施工质量验收规范》（GB 50204—2015）。及时对混凝土结构进行外观质量分级评价管理，切实打造内实外美的品质工程。

六 搭建工程安全应急数字管控体系

（一）落实安全视频监控

在高速公路全线布设摄像头，对隧道、桥梁、高边坡等重点工程实施 24h 监管，通过视频监控平台，可以远程观看现场施工情况，实现远程巡查与管理。依托安全管理平台，设置安全生产责任、安全风险管控、安全生产保障、隐患排查治理、应急救援处置等模块，实现"一张图"全面掌握安全生产动态。有效针对隧道、桥梁、高边坡等危险性较大工程，定人、定期、定点进行视频报告，通过上传的视频，可监控人员行为是否规范、安全防护是否到位、施工现场安全生产条件是否存在波动，实现远程监督管理，全面落实"按规范、守着干"的管控要求。

（二）智慧用电管控

推广智慧用电系统，实现对用电线路的实时安全监测，及时发现电气线路和用电设备存在线缆温度异常、过载及漏电流越限等安全隐患，并向管理人员发送预警信息，有效开展隐患治理，消除潜在的电气火灾危险。

(三)设备安全管控

同步应用智能机械设备,使用二次衬砌智能台车,降低现场工人拆卸泵管的工作难度,特种设备安装智能监测预警系统、自动限位器、塔式起重机监控系统;在拌和锅检修口安装自动断电行程开关,并配套安装声光报警装置;施工现场轮胎式设备上安装倒车雷达影像一体机,并在现场配备专业高处作业举升车、组合式爬梯、施工电梯等;桥梁防撞墙施工推广专用施工台车;隧道初喷采用湿喷机械、仰拱处使用自行式移动栈桥等,推进危险作业向"机械化换人、自动化减人、智能化少人"的施工目标迈进,努力实现本质安全。

(四)智慧应急管理

通过对应急资源库的定位,实现对全线应急资源的全面掌握、统一调配,应急资源消耗及时发现、及时补充更新。同时,可随时在线查看针对各类事故隐患开展的应急演练,提高应急救援能力。

七、加强工程绿色环保数字化治理

(一)环境数据采集

通过对施工现场固定监测点的扬尘、噪声、气象参数等环境监测数据的采集、存储、加工和统计分析,及时准确地掌握施工现场的环境质量状况和工程施工对环境的影响程度。同时,与环境监测仪对接,根据现场环境变化自动开启雾炮喷淋设备,项目管理人员可远程操作、随时作业,有效减少工地现场的扬尘,避免扬尘颗粒污染空气。扬尘数据、高温、低湿度超限预警时,自动启动雾炮喷淋设备。

(二)智慧能源管理

借助数字化支撑,搭建综合一体化能源管理系统,在能耗模型、自动化监测方案、新能源监控调度方案等方面实现智慧化管理,推进高速公路能源管理数字化。通过供用能系统的全过程计量、监测、控制和管理,实现能源在线计量与统计分析、能源质量监测与改善、系统化节能调节、智慧设备管理、能源调度与动态需求响应,降低高速公路能耗费用成本,提高高速公路能源系统运行效率,全面提升高速公路的能源管理数字化、智能化水平。

八、党建赋能品质工程软实力建设

(一)廉洁样板工程创新思维——"1223"管理理念

"一个引领"——党建引领廉政路。党组织引领,充分发挥党组织引领示范和审核把关作用、党员在廉政建设中的模范带头作用、党组织在"三重一大"决策中的源头把关作用。

"两个工程"——廉洁品质两相连。树立"廉洁+品质"工程管理理念，确保工程质量过硬、廉政风险防范过硬。

"两个保障"——制度组织双保险。把权力关进制度的笼子里，加强党风廉政建设，织牢廉洁防护之网；成立项目纪检组织机构，保障监督执纪有力有效。

"三个安全"——安全项目安人心。做好专款专用，确保资金安全；保证与施工参与方的正常工作关系，确保人员安全；高标准实现项目建设质量，确保工程质量安全。

(二) 强化基层党建工作

以项目为载体，按照党建工作与品质工程创建同步谋划、同步部署、同步推进、同步检查、同步考核的"五同步"要求，围绕品质抓党建，抓好党建促品质，开展深化党建工作攻关行动，实现党建与项目建设深度融合。

具体从以下五个方面开展：一是建立公司党委+机关党支部+项目临时党支部横向到边全覆盖、纵向到底无盲点的党组织保障体系。二是加强思想政治教育，筑牢人员思想防线。三是完善廉政机制建设，落实党风廉政建设"两个责任"。四是严肃党内生活，强化监督机制。坚持党的组织生活各项制度，创新方式方法，增强党的组织生活活力。五是加强廉政风险防控，深入推进反腐败斗争。坚持挺纪在前，持续保持惩治腐败高压态势。

第三节 工程全寿命周期数字化管理平台

一 统一数据标准

数据标准是指保障数据的内外部使用和交换的一致性和准确性的规范性约束。统一的数据标准能够确保工程在设计、施工、运维等全寿命周期内，工程计量、质量、安全等各个管理模块中，数据的采集、处理和使用都遵循相同的规则和标准，实现基于统一的数据标准进行有效的信息交互和共享，提高工程全寿命周期的数据处理效率和决策的科学性。

二 一体化管理平台

工程全寿命周期数字化管理平台围绕建设单位的职能，基于统一的数据标准，通过业务流、信息流和数据流的"纵横联合"，纵向连通山西路桥集团、施工单位、监理单位、设计单位、横向连通山西路桥集团各职能部门,建成以"两个管理系统、三大核心应用(质量、安全、进度)、六大应用场景(梁场、隧道、物料、路面、劳务、监理)、一个党建+引领"为核心的覆盖建设单位和各施工单位的全业务、全级次实时在线管控平台,构建横向到边、纵向到底的数字化管控体系,促进建设单位形成上下联动的数字化管控格局,用数字化赋能山西路桥集团高质量发展。昔榆高速公路品质工程数字化建设平台如图2-4所示。

图 2-4　昔榆高速公路品质工程数字化建设平台

三　数据互联互通

基于工程全寿命周期数字化管理平台,通过数据融合、系统打通、统一管理、线上流程追踪等五大作用,实现工程全寿命周期的数据互联互通,进而借助工程建设管理系统横向集成化、纵向数据信息全线贯通的特点,促使工程建设数字化资源合理融合,为品质工程数字化建设打下坚实基础。

四 平台目标实现

（一）精准感知全要素

建立安全、质量、进度等公路工程管理要素数字化采集体系，全面覆盖梁场、隧道、路面、拌和站等重要节点，实现全要素、全周期数字化管理。将工程建设数据与公路工程全寿命周期管理平台深度融合，实现工程建设状态"一张图"展示。

（二）信息服务全方位

工程建设的设施设备高效联通，数据资源的规模和质量加快提升，各参与方业务协作能力明显加强，数据共享服务范围大幅拓展、大幅增强，工程建设服务的准确性、及时性、便捷度明显增强，品质工程建设的应急事件应对和处理效能大幅提升。

（三）管理流程更精细

以 BIM + GIS 为基础，搭建集两个管理系统、三大核心应用（质量、安全、进度）、六大应用场景（梁场、隧道、物料、路面、劳务、监理）、一个党建+引领于一体的工程全寿命周期管理平台，为决策者提供数据支撑和科学依据，实现"用数据说话、用数据管理、用数据决策"；利用GIS将现实环境与虚拟建模相结合，把公路工程转变成可观测、可交互的三维数字模型，实现工程数字化的实时显现。

第三章 CHAPTER 03

工程设计数字化

第一节　公路工程设计数字化概述

一　公路工程设计数字化定义

"设计数字化"是在数字技术迅速发展以及席卷全球的数字化语境下产生的基本概念,其核心是数字技术。"公路工程设计数字化"是指利用先进的数字技术和工具,对公路工程进行设计和管理的过程,为公路工程建设提供可靠、高效的技术支持,从而提高工程质量、降低成本。数字技术与公路工程的结合,不仅加快了工程信息自动化处理,而且设计师可以通过信息技术直接驱动和控制现实中能量和物质的调配。设计数字化进一步促进了产业链的信息化、智能化,并且促进公路工程生产活动中各要素和资源的整合,加快了各系统的运行效率,提高了设计质量。

公路工程设计数字化针对单体项目以及项目的整体数据整合与管理,开发轻量技术信息集成软件,形成标准化数据,深入建设的各个环节,进行精细化管理。昔榆高速公路项目参与人员众多,由于设计、施工和运营管理的单位不同,容易出现信息不匹配的问题,通过信息化手段提高设计数字化效率与能力成为必然。昔榆公司将公路建设项目管理的最新理念和方法与BIM技术、物联网技术、移动互联网技术、虚拟现实和仿真技术相结合,同时将分布的项目信息及各种数据收集、汇总和存储,进行设计数字化。

二　公路工程设计数字化特点

(一) 数据贯通

公路工程设计数字化在公路工程的不同阶段或不同平台之间进行模型信息传递、交换和共享。受结构体系和企业管理的影响,公路工程设计数字化模型单元样式繁多,传统软件自身功能无法满足需求。基于机器语言,公路工程设计数字化自主开发了智能编码插件,对交付模型中的模型单元进行统一编码,实现模型编码的批量处理,大大提高了设计效率,且设计成果统一,保证了设计阶段的数据在跨阶段可持续设计中的无损、高效流转。

(二) 可视化施工指导

基于模型可视化属性进行模拟建造,结合虚拟工艺样板,有效避免作业人员技能差异造成的公路工程施工误差。通过组织召开线下数字设计交流培训会,提高复杂施工方案交底能力,提升项目精细化管理水平。公路工程设计数字化能够显著提高设计质量,节约投资成本,基于项目三维虚拟场景,可以在三维数字场景中模拟真实的设计情况,让设计人员在三维环境中直接进行各专业设计,提出最合理设计方案,最后利用三维模型出图。设计人员将专注于设计本身,而不是出图规范,可以极大提高设计质量、节约投资成本。

(三)驱动业务流程

基于设计数字化模型中的信息,经过数据处理与系统一体化贯通,与企业业务深度融合。结合数字档案系统,为整个工程建设项目的竣工验收备案、城建档案报件、运维交付提供公开透明的查询管理、留痕管理,精确把控交付过程,实现项目建设全过程信息化管理。公路工程设计数字化的实现将提供一个协同设计平台,使不同专业的设计人员在同一软件、同一平台中同时开展设计工作。设计人员能够在设计过程中查看其他专业的设计进度和内容,不同专业协同设计,极大地提高了设计效率,驱动业务流程。

公路工程设计数字化趋势

公路工程设计数字化的应用需要遵循现代化原则,以数据交互为基础,以底层基础构件为支撑,为公路工程项目的一体化设计施工提供稳定、可靠的服务。公路工程设计数字化深入整合高速公路工程项目业务需求、物联网设备、安全质量管理系统等,实现项目设计施工中资料进度、计量支付、质量检验等信息的贯通,并在数字技术的支持下,实现在设计施工中对工程数据的多维度融合;建立工程项目设计与施工之间的有效交流机制,使模型数据在项目设计、变更、施工等全过程中实现信息的实时共享与传递。

公路工程设计数字化方式突破了传统方式存在的信息交流障碍,保证设计资料在工程多个参与方之间建立有效的联系。通过该工程项目的示范协作,建立一种常规的设计与施工协作沟通机制,为工程项目整个寿命周期的进一步扩展提供保障。设计数字化的应用不仅使工程项目的流程和资源得到整合,而且将改变公路工程行业传统的生产模式,提高生产效率。一方面,数字化的集成性打通软件与软件的数据连接和转换,使得不同的数据类型得以有效快速地传输和反馈,另一方面,在数字化集成过程中把各种影响因子结合到数字模型中,并且在数据结构中转换成代码。数字化集成使得设计可以满足各方和各种条件的需求。

第二节　设计数字化平台建设

一　需求分析

（一）可视化管理需求分析

昔榆高速公路工程建设项目点多线长，结构复杂，且与地形地貌结合紧密，昔榆公司需要有一个全面的 GIS + BIM 三维动态可视化集成信息平台，从各个角度全面诠释设计的内容，用直观的方式快速表达工程建设的全过程。三维平台分层级、分段落、分多视角对建设实体实施关联分析，达到对实施进度、质量、效率、安全的全面管理，并满足各参与单位管理的不同层面的业务要求。

（二）实时信息需求分析

昔榆公司各级决策者需要随时获取决策所需要的数据信息，若决策层无法在项目部办公室快速有效地取得项目的整体数据，则会导致决策效率低下。GIS + BIM 三维平台正是通过收集项目的实际投资、成本、进度、质量及安全大数据，形成项目部建设可视化的大数据库中心，指导新项目决策期的投资及融资。平台对项目数量、投资总额、进度、质量等项目的总量信息进行动态监测和自动汇总，并提供按照类别、项目状态等进行统计的信息分析结果。

（三）项目管理需求分析

项目管理是工程施工的业务核心，应严格控制施工进度，保证工程质量，注重施工安全，协调好人、机、物、料、法、环，在充分满足合同要求的前提下，使项目利益最大化。搭建 GIS + BIM 三维平台，从工点定位、机械管控、资源分布、智慧物联、形象进度等功能出发，实现对昔榆高速公路项目建设过程中人、机、物、料、法、环的管理和质量控制。

二　体系架构

昔榆公司通过多专业三维协同，对主线及连接线路基路面、桥涵、隧道、机电、交安等构建数字化模型，发掘数字化模型的可视化和数据化价值，直观展现设计意图，优化设计方案，提升设计品质，并打通数字化模型全寿命周期应用的关键技术难题，使其服务于建设期，降低项目管理成本。

项目建立了建、管、养一体化BIM平台,实时提取、共享工程项目中各阶段、各专业、各部门、各环节的数据信息,通过大数据管理平台在线集成、共享、分析,并以仪表盘形式供领导决策使用。平台体系架构如图3-1所示。

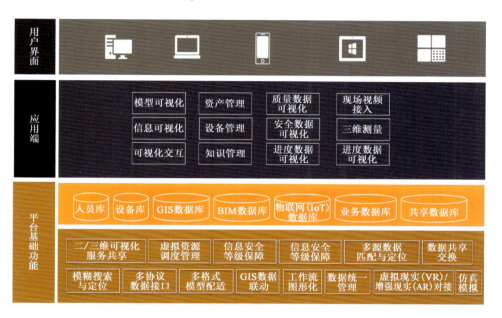

图3-1 平台体系架构

系统设计选用以先进、合理、成熟、安全、稳定、可靠、高效和高性价比以及易扩展、易管理为原则,建立一个统一、完整、先进、高可靠性和高安全性的BIM一体化智慧管理平台。

移动优先:针对不同的业务定制化开发各种前端(Web端、Pad端、手机端等),优先采用移动应用,提升工作效率和工作体验。

大数据分析:BIM平台不仅存储数据,而且可进行数据结构化,可实现数据分析功能,充分挖掘数据价值。

用户身份认证:不同业务系统采用统一的用户身份认证措施,省去记忆大量的用户名和密码,并且保障安全性。

共用一套编码标准:将统一编码的设计BIM模型和数据导入协同管理平台之后,将模型唯一性编码与项目的工程进度、质量、成本等信息进行唯一性映射,实现项目管理业务数据流与BIM模型一一对应。

在满足业主对一体化平台需求的基础上,尽量兼容既有硬件设备,利用较低投入形成技术先进、安全可靠的"建管养一体化协同平台",力求整个平台在初次投入和运行全寿命周期中获得尽可能高的性价比。

通过防病毒软件、防火墙、访问控制系统的全面部署,保障整个系统的运行符合国家安全性设计标准和要求。

平台设计时，在保证技术先进性的基础上适度超前。

平台的建设实现了项目各个管理环节之间的信息共享和协同作业，支持与企业信息化资源的整合、信息的共享以及业务的协同。建立支撑工程信息共享的BIM信息交换接口，实现BIM模型的导入、系统内模型数据的整合、模型及信息的导出、模型与信息的交互浏览等。

依托BIM技术，对昔榆高速公路进行精细化设计、施工与运营管理，同时融合移动互联网、云计算、物联网、大数据等新一代信息技术，打造基于"互联网+BIM"的昔榆高速公路BIM一体化智慧管理平台，为项目管理提供实时及历史数据参考，为项目管理提供实时的基于三维空间的视频监控及智能识别功能，为决策层提供基于三维空间的全局数据呈现及项目进度演示，提高信息采集的便捷性以及信息存储管理的可交互性和高复用性，真正实现由设计到施工、由施工到运维的信息传承，以及全寿命周期的信息跟踪和协同管理。

三维场景建设

GIS+BIM三维平台基于GIS、BIM、移动互联网、物联网等技术，根据地形图、无人机倾斜摄影、工程数字模型，结合项目管理业务数据，以三维BIM模型、大数据可视化模型等为载体，将传统平面的信息管理模式可视化呈现出来。同时，三维场景建设探索信息化与机械化的融合，通过物联网技术对施工设备进行信息化、智能化改造，采集设备的施工原始数据并与业务平台关联，努力减少人为因素的介入，降低信息化数据录入的工作强度，提升工程质量水平，提高施工效率与施工安全性。三维场景建设主要包括投资管理、形象进度、工点定位、机械管控、智慧物联及资源分布等功能。

（一）投资管理

投资管理功能通过两侧弹出仪表盘的形式，展示包括项目建设的批复概算和批复预算总金额、项目累计完成金额、项目年度计划、完成金额及项目第一到第五部分概算（即项目总投资、建筑安装费、设备及工器具购置费、工程建设其他费、预备费及新增费用）执行费用汇总数据。该功能通过对项目的总体进度完成情况、计量情况、变更情况等信息的直观展示，为管理人员掌控项目投资动态、作出决策提供数据支撑。

（二）形象进度

形象进度包括施工进度状态、工程日报统计、工程量统计。在三维平台中，通过手机App

实时上报工序记录,动态显示具体工程部位的施工进度状态,还可以实时统计出已完工工程部位的工程量及材料造价信息。

(三) 工点定位

三维平台工点定位功能具体内容包括工点定位、关键工程、漫游路径。将 GIS 地形、BIM 模型数据导入系统搭建的三维场景,可快速实现不同工点的精确定位,快速获取属性信息。在集成大量工程信息基础上,可针对重点关注的工点及工程部位,利用读取模型附加的各类属性信息及定位信息等,实现关键工程的快速定位和属性信息的快速读取。

(四) 机械管控

三维平台机械管控功能包括对不同的机械设备类型分别进行汇总统计和对设备基本信息、运行轨迹、在线工时、实时油耗进行功能展示,可实现随时掌握实时数据、自动统计分析、及时监管的目标。

(五) 智慧物联

在 GIS+BIM 三维平台上,展示了昔榆高速公路全线 BIM 模型图(通过 BIM 模型和利用无人机倾斜摄影航拍地形图最终形成)。智慧物联将整个物联网设备映射在模型图中,以便查看详细数据。昔榆高速公路全线设立了 1800 多个监控点,依据物联网系统,实现远程信息的可视化呈现,实现管控要素真实感知和多方共享,快速精准调度,现场真实呈现隐患并及时消除。隧道口视频监控现场如图 3-2 所示。将施工现场布设的摄像头集成到系统中,并按照实际布设位置标注在模型上,可便捷地查询施工情况、人员作业情况等。

图 3-2　隧道口视频监控现场

(六) 资源分布

三维平台资源分布功能包括各类固废资源在地图上的位置分布展示、各类固废资源基本信息展示。昔榆公司统计沿线施工地材(水泥、砂石、石灰等)、加油站等物资分布情况、产量及相关信息,为各单位提供便利。此外,资源分布功能还提供运输路线规划、运费计算等。

第三节　数字化技术及应用

一　数字化测绘技术

昔榆公司将项目详细信息与 GIS 结合,让使用者直观地看到土地征用的实际情况,纵向可以深入到每一块待征地的范围、状态,横向可以总览所有地块的征地情况。结合征地数据的汇算,系统可自动生成统计报表,整个公路工程的征地情况清晰展示,方便昔榆公司更及时准确地了解拆迁过程。

同时,利用无人机对沿线进行航测建模,保存工程用地原始地貌,有效避免抢栽抢种引起的纠纷。无人机对沿线进行航测建模如图 3-3 所示。利用 BIM 模型与原始地貌可测量的特性,对沿线征拆工作进行预判、复核,提高工作效率和质量。项目利用无人机航飞,以正向摄影方式创建三维地形曲面,构建真实环境。数字高程模型叠加正射影像后,形成与真实环境高度吻合的场地电子沙盘,为全方位地形地貌分析、虚拟踏勘、方案展示沟通、方案评审等提供基础条件。

图 3-3　无人机对沿线进行航测建模

二 数字化勘察技术

昔榆公司重视与其他公路的衔接设计。由于公路的过境交通和城市内部交通互相干扰,导致路段通行能力低下。因此,应利用数字化勘察技术,合理设计线路,使干线公路与城市道路有效衔接,有效协调路线线位与沿线城市或村镇发展的关系,在为其发展留存空间的同时构建城市对外交通路网。

昔榆公司利用勘察所取得的地质钻孔资料快速创建了三维地质 BIM 模型,数字化勘察钻孔分布如图 3-4 所示。从地质 BIM 模型中,可以清晰、直观地看到地质情况的分布。把创建好的隧道和斜井 BIM 模型叠加到地质 BIM 模型中,就可以直观地针对不同地质段落进行相应的方案设计,并可根据需要剖切出任意位置的三维地质纵断与横断。

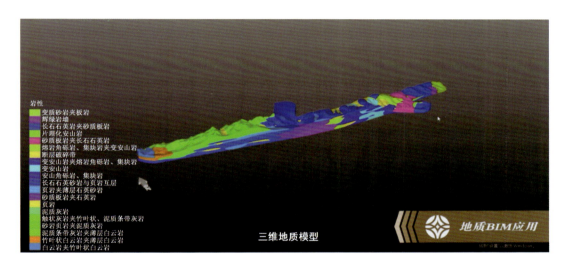

图 3-4 数字化勘察钻孔分布

三 智能选线技术

昔榆公司在项目 K90～K120 段落中开展智能选线设计:首先在构建好的三维地形模型上设置保护区、不良地质等路线控制条件,并同时设置技术、经济控制指标,然后由计算机根据设置的条件,大范围智能选线得出 40 余条路线方案;这 40 余条路线主要集中在 3 个区域,将这 3 个区域作为重点走廊带研究。

昔榆项目设计利用 BIM 技术最终确定了智能选线设计方案,最终节约投资 3000 余万元;同时,选线时长仅需 3h,设计效率和设计质量均大幅提升。计算机发挥快速计算的优势,计算出大量满足条件的路线，从而避免了人工选线遗漏有价值路线方案的可能。

四 BIM 智能辅助审查

昔榆公司经过调研策划、程序构建、调试运行，进一步推动 BIM 技术应用发展，利用 BIM 技术进行智能辅助审查。各施工图审查机构通过 BIM 智能辅助审图系统导入项目勘察软件数据包，系统自动生成勘察场地三维地质模型，对各岩(土)层原位测试成果、室内土工试验成果、层位划分的合理性等多方面进行智能分析，并将相关结果链接分享至审图人员。各审查人员可通过系统初步分析结果和勘察场地三维地质模型的剖面、钻孔分层、炸开等功能，深入开展项目审查工作。

BIM 智能辅助审查具有以下特征：一是即时生成拟建项目场地三维地质模型。通过简单操作即可查看各岩(土)层的埋深、层厚等空间展布，直观反映岩(土)层的均匀性；查看三维的勘察剖(断)面，自动切取任一方向的剖(断)面，可显示地层分布情况；查看三维钻孔的空间分布及钻孔属性信息。二是定量分析自动判定。根据各勘探点坐标，自动计算并判定勘察点间距是否满足相关勘察规范的要求；根据分层记录及室内土工试验结果，自动判定土层名称的准确性；对土工试验数据及原位测试结果进行数理统计，方便审查人员对报告相应数据的校核。三是定性及半定量分析评价。自动分析项目勘察等级划分的合理性，自动判定场地类别划分的合理性，通过分析给出初步审查意见。BIM 智能辅助审查的实施，实现了便捷高效、即时审查、过程留痕、便于监管；自动分析及初步评价，减少了审查人员的工作量，极大提高了工作效率；数据共享为加快云计算提供了有力的技术保障。

第四节　BIM 全专业协同设计应用

昔榆高速公路项目的 BIM 模型精细度为 L 3.0，模型包括主线及连接线路基路面、桥涵、隧道、机电、交安等，其中路基路面构件约 1.2 个、桥梁构件约 5.7 万个、涵洞通道构件约 0.5 万个、隧道构件约 7.4 万个、交安机电房建构件约 0.4 万个。BIM 数字高程模型如图 3-5 所示。

一 路基路面设计

路基路面 BIM 设计中，通过参数化创建路基标准横断面后，可快速生成道路模型，查看设计方案，具体设计如图 3-6 所示。对高填方、深挖方路段项目进行判别，从而优化设计，并进行路基排水优化与边坡安全分析。昔榆公司积极落实推广新型路基路面结构要求,完善材料设计和试验,进一步验算路面厚度和结构强度,确保结构稳定耐久。结合 BIM 技术补充完善路基路面工程施工工艺、质量控制措施等要求,结合工程沿线区域气候、水文条件和筑路材料供应情况,细化方案设计。

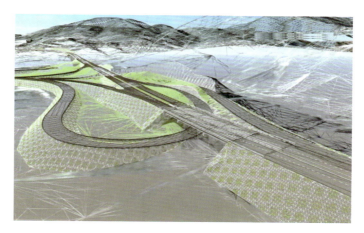

图 3-5　BIM 数字高程模型

图 3-6　路基路面 BIM 设计

(一) 路基路面本体

依托三维线位和路面设计参数完成路基路面、路肩及路肩线设计,路肩线为后续工程设计的连接线。根据路肩线、地面模型和边坡设计参数,生成路堤边坡和路堑边坡。根据边坡坡脚连接线和排水沟、侧沟参数,生成排水沟和侧沟。

(二)支挡工程

BIM全专业协同设计中,将常用路基支挡工程参数置于SQLite中管理,在布置构件时,系统通过调用参数,使用内部算法计算生成模型,并在模型空间中显示。创建模型时,选择路肩线作为连接线,并选择起止里程生成挡土墙,生成时读取保存在线路上的地质参数和地层信息,检算挡土墙埋深与范围,挡土墙生成后边坡与挡土墙自动拟合。

(三)边坡防护

昔榆高速公路填石路段主要采用三维植被网防护,位于冲沟或河滩上可能会受水流冲刷的路堤边坡采用现浇混凝土护坡。护坡工程的参数管理与支挡工程一致。路堤地段骨架护坡创建以路堤边坡的坡顶线为连接线、坡脚线为结束边界线,并与坡面紧密贴合;路堑地段骨架护坡创建以路堑边坡的坡脚线为连接线、坡顶线为结束边界线,并与坡面紧密贴合。土工格栅的创建与骨架护坡近似。

(四)地基路面处理

在使用BIM技术进行地基处理时,挖除换填设计的灵活性较大,通过建立参数化构件实现设计的难度较大,且设计合理性有待验证,因此采用二、三维结合的手段开展设计。该模型提供了横断面剖切功能,在指定里程处剖切路基,并将横断面保存在二维模型空间中。首先在横断面中绘制挖除换填线,再通过坐标变换将挖除换填线放置于三维模型空间中,最后利用空间挖除换填线拟合生成新的挖除换填设计模型。

桥涵设计

昔榆公司在三维地形场景中进行桥梁孔跨的动态交互式布置,并根据具体设计情况调整桥台、桥墩的类型及细部设计参数,设计完成后根据三维桥梁模型快速创建二维图纸。结合地形、地质、水文等建设条件和路线优化,综合运用BIM技术,结合现场实地踏勘,进一步优化墩台位置和桥涵孔跨布置,加强桥涵结构施工图设计审查,确保结构安全可靠、经济合理。桥涵BIM设计如图3-7所示。

昔榆高速公路山区路段跨越深沟的桥梁较多,桥墩较高,桥梁下部结构及基础设计形式对桥梁规模影响较大。施工图设计时,通过对全线桥梁统一上、下部结构尺寸及结构形式,减少墩柱种类及类型,加强桥梁标准化设计;根据施工建设条件,选择合理的桥涵孔径与结构形式,并根据详勘资料,加强下部结构计算分析,优化墩台构造设计。位于采空区的桥梁,将结合采空区处治措施及地勘资料,选择合理的桥梁方案,同时采用构造措施(如采用预制简支梁结构),减少采空区对运营安全的不利影响。

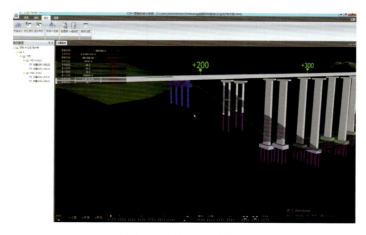

图 3-7　桥涵 BIM 设计

(一) 桥涵设计流程

在进行桥涵的设计数字化时,主要分以下三个步骤:第一步是通过前期完成的三维地形模型和道路模型进行方案的参数比选,定位模型的桥墩平面位置、主梁坡度、控制点高程等桥梁基本设计要素。第二步是建立构件的参数化嵌套族,这一步是桥梁模型创建的核心。参数化建模就是在创建族过程中将尺寸及角度与参照平面锁定后,标注并添加尺寸及角度的类型参数,模型在保持给定的尺寸约束条件和角度约束条件下,按同一类型桥梁构件给定不同的参数值生成同类相似模型。总体而言,即模型在形体结构上实现参数化时,利用几何约束和数学表达式来描述不同尺寸之间的依存关系,从而实现修改参数使整个参数化模型有唯一对应解的过程。第三步是构件族的拼接与放置。构件族的拼接顺序一般为下部结构→上部结构→桥面系→附属结构,针对构件族本身的特点,采用选择连线放置或选择面放置方式将其放置到结构框架模型中,并根据具体设计对参数进行完善。桥梁整体三维 BIM 模型如图 3-8 所示。

图 3-8　桥梁整体三维 BIM 模型示例

(二) 三维模型创建

在完成主体结构各类构件的参数化建模之后,仍通过公制常规模型创建参数化族的方式建立桥梁的附属结构,如桥面铺装、人行道及护栏、桥梁排水设施等。完成桥梁参数化族库的建立后,根据轴网和高程系统对各构件的相对位置关系进行定位和拼接,参照不同桩号对应的桥身结构图进行位置调整,对建立的地形模型与桥梁模型进行交互,确定桥梁的放置坐标原点后完成桥梁模型基于坐标原点的布设。桥梁下部结构的三维 BIM 模型如图 3-9 所示。

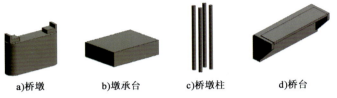

a) 桥墩　　　　b) 墩承台　　　　c) 桥墩柱　　　　d) 桥台

图 3-9　桥梁下部结构的三维 BIM 模型

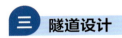

三　隧道设计

利用 BIM 技术准确体现隧道段落及进出口位置,建立三维模型,突出构造物重要部件的细节层次及特性,满足设计及后期阶段的多类需求。隧道 BIM 设计中,结合隧道围岩地质情况,进行隧道建筑限界、横断面、衬砌类型及长度等的设计。结合三维地形,进行隧道洞门及洞顶截水沟的设计。所有设计完成后,根据隧道 BIM 模型即可快速创建二维图纸。将各衬砌模型、通道模型、洞口模型进行装配形成完整的隧道模型,通过三维模拟渲染,模拟展示隧道内部设计的情况,从而实现对灯光设置方案等的直观审查与优化设计。隧道 BIM 设计界面如图 3-10 所示。

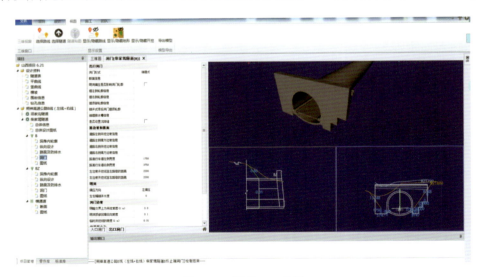

图 3-10　隧道 BIM 设计

（一）隧道土建工程

隧道土建工程设计中，数字化技术在超前地质预报、监控量测和施工方法方面发挥着重要作用。通过隧道 BIM 设计，可以实现对地质情况的精确预测和模拟分析，为隧道施工提供数据支持。昔榆公司通过 BIM 全专业协同设计，根据隧址区地形、地质条件，结合隧道平纵面线形，进一步优化隧道洞口、斜竖井和风机房布设方案。利用数字化监控系统，实时监测隧道施工过程中的变形、位移等参数，及时发现并处理问题，确保施工和运营安全。

（二）隧道优化设计

昔榆公司利用数字化技术对隧道施工便道进行了专项设计，确保施工顺利进行。同时，加强了隧道超前地质预报和施工通风、照明、供配电、监控、消防、救援及应急联动控制方案的数字化 BIM 协同设计。针对特长隧道，重点强化了数字化通风、消防、救援设计方案，推广采用节能型通风、照明、供配电、监控设备，并提高了控制系统的智能化水平，积极推动数字化技术在节能降耗设计中的应用。

（三）太行山特长隧道

太行山特长隧道工程地质条件复杂，技术难度大，施工风险高，应组织开展专项技术设计。通过数字化模拟和优化设计，昔榆公司加快落实接线方案，优化隧道平纵面 BIM 设计。昔榆公司进一步查明隧址区断层破碎带、岩爆、软岩大变形等不良地质情况和含水层分布，加强地应力测试和涌水量预测，并结合详勘成果，完善隧道衬砌结构和开挖方式设计。同时，昔榆公司加大了对太行山特长隧道的数字化地质水文勘探工作，通过数字化技术，明确了不良地质情况和含水层的分布。在此基础上，昔榆公司利用数字化手段对隧道纵面线形进行了优化，并完善了隧道衬砌结构和开挖方式的设计。

四 机电设计

昔榆公司以品质工程建设为追求目标，运用现代工程管理理念，科学总结已有工程建设成功经验，对工程建设进行再次凝练和升华。隧道内设有多种机电设施，能耗较高，针对这一问题，昔榆公司应用 BIM 技术，采用了合理的设计方案和机电设施，有效降低能耗，实现节能环保要求。通过数字化手段的精确分析和模拟优化，昔榆公司能够更准确地掌握机电设施的能耗情况，并采用数字化控制系统对能源的使用进行智能化管理，在提高工程质量的同时实现节能降耗的目标。

（一）公路隧道消防

利用数字化技术，昔榆高速公路隧道消防实现了更精准的监测和控制。基于计算流体动力学(CFD)理论和湍流燃烧理论,研究超特长公路隧道送、排风速度变化对火灾的影响,确定不同火灾规模下科学高效的送、排风速度。昔榆公司建立火灾三维数学模型,探究不同火灾条件下烟流蔓延规律及温度场、可视度场和有害气体(CO、NO、NO_2 及 SO_2 等)不同燃烧阶段的分布特征。开展不同区域、斜井前后不同位置、斜井底部短道段处发生火灾特性研究。根据数值模拟结果以及相似理论,设计搭建大比例尺试验平台,对发生不同位置和不同规模的火灾现象进行试验模拟。通过模型试验结果对数值模拟结果的印证,分析斜井排烟的排烟效果,确定火源位置、隧道结构、控烟模式及排烟量等设计参数对烟气蔓延的影响,提出火灾排烟轴流风机和射流风机组合通风排烟策略。通过数字化技术的应用,昔榆公司能够更准确地掌握隧道消防的温度情况,精确预测火灾的可能性,并采取相应的措施,从而保护公路隧道安全。

(二)隧道智能照明

高速公路隧道内照明情况关乎过往车辆的行驶安全,因此,高速公路隧道在设计之初都是采用大功率的照明灯,并以24h常亮的运行方式来保障过往车辆的安全,但这也造成了电能的大量浪费。与数字化技术紧密结合,昔榆高速公路隧道采用了更加智能化、节能化的照明系统。昔榆高速公路隧道拟选用低能耗LED隧道灯具,有效降低电能消耗。同时,通过BIM全专业协同设计,实时监测隧道内外环境的光亮度变化,并根据实际需要自动调节隧道灯具的亮度和工作状态。昔榆高速公路隧道照明设计如图3-11所示。

图3-11 隧道照明设计

(三)智能通风系统

昔榆公司结合数字化技术,并调研国内外特长公路隧道通风方案,基于昔榆高速公路超特长公路隧道(10km以上)路段的交通流特性,结合结构设计和斜井布设情况,研究超特长公路隧道利用斜井运营通风分段及组合模式。充分考虑不同车况条件下运营需风量、运营通风能耗及斜井功能等因素,综合比选超特长公路隧道合理通风方案,探究运营阶段不同时期(近期、中期和远期)各斜井的功能及使用情况,提出超特长公路隧道不同时期的运营通风方式和主要技术参数,并通过计算优化运营通风机电设备配置参数。

在数字化技术的支持下,可以实现对隧道内环境的精准监测和数据采集。在隧道环境等监控数据共享的基础上,开发山区高速公路隧道路段集约式智能通风控制系统。采用简单、易于实现的算法完成前馈式模糊控制器关键参数的优化选取,使模糊控制器的控制精度和控制规则表的利用度均得到提高。最终,设计应用性与移植性高的隧道通风控制软硬件系统。

五 交安设计

在施工图设计阶段,昔榆公司利用数字化技术和 BIM 模型,对道路交通标志进行精确的定位和布置。通过将公路设计信息与数字化模型相结合,可以实现对公路上各个位置的可视化分析,帮助工程师更好地确定交通标志的合理布置位置,以更好地完善交通标志设置。

(一)设置交通标志

昔榆公司借助 BIM 技术,在数字化模型中集成交通安全设施的设计。通过将安全设施(如护栏、防撞墙、交通信号灯等)的三维模型加入 BIM 模型,可以实现对交通安全设施的可视化展示和碰撞检测。同时,将数字化技术应用于模拟交通流量和行车情况,模拟不同时间段和交通情况下的车辆流动,从而评估交通标志和安全设施的布置效果。借助 BIM 技术,在设计阶段就能够发现可能存在的冲突,交通安全标志与主体工程同步设计、同步施工、同步建成,可及时调整安全设施的布置,提高交通安全性。

(二)设计收费站设施

昔榆公司结合数字化技术和 BIM 模型,按照取消高速公路省界收费站有关要求,做好电子不停车收费(ETC)车道设置,完善相关收费、监控、通信、入口称重监测设施设计及危险品运输车辆管控措施。利用 BIM 技术,可以在数字化模型中模拟不同车辆的通行情况,从而优化 ETC 车道的设置和布局。通过模拟分析,可以确定最佳的 ETC 车道数量和位置,提高通行效率,缓解交通拥堵。同时,昔榆公司按全国高速公路视频联网监测工作要求,建成全部路况监控设施,对特大桥、隧道、长下坡、互通式立交及服务设施出入口等路段进行重点监控。

为合理布局高速公路光伏发电设施,昔榆公司建立数字化模型,对周边空间进行精确测量和分析,确定最佳的光伏发电设施布置方案,最大限度地利用闲置空间进行太阳能发电。

(三) 以人为本

与数字化、BIM 技术紧密结合，以更加科技化、智能化的方式进行交通安全设施设计。交通安全设施设计考虑与主体工程结构、服务设施、管理设施等功能的衔接和匹配。"以人为本"在高速公路服务区规划设计工作中体现为彻底改变传统的"建设即为发展"观念，始终坚持设计的核心理念是为用户提供更加优质的服务，进一步促进社会的长足发展。

BIM 技术为服务区设计提供精确的三维模型和空间数据，帮助设计师更好地规划服务设施、主体工程结构和管理设施，实现经济流和物流的有效契合，为用户提供更加优质的服务，推动品质工程建设。同时，在收费站、超限检测站等设施的规划中，数字化技术和 BIM 技术将为设计提供更加准确的数据支撑，以便更好地考虑服务设施和管理设施的衔接和匹配，进一步提高安全性和舒适性。昔榆公司将以人为本的理念作为交安设计的根本目标，在细节设计处体现人文关怀，强调人性化服务，做好舒适性和安全性的协调统一，真正为人们出行提供便利，践行主动服务理念。

第四章
CHAPTER 04

工程管理数字化

第一节 低碳施工管理数字化

一 公路施工活动低碳化

公路建设是一个长期过程,包括规划、设计、施工、运营和养护等多个阶段,不同阶段碳排放优化的重点和策略可能会有所不同。公路建设过程涉及多个环节,土地开垦、道路铺设、桥梁建设和交通设施建设等环节都可能产生大量的碳排放。随着施工进度的变化,施工组织逐渐优化,会导致施工方案的变更、材料供给方式的调整、施工机械的规格更新、运输布局的升级等。公路建设过程存在不确定性和变化性,影响碳排放的水平和结构。

(一) 减少施工干扰

场地平整、土方开挖、施工用水、永久及临时设施建造、场地废物处理等都会对场地上现存的动植物资源、地形地貌、地下水位等造成影响,还会对场地内现存的文物、地方特色资源等带来破坏,影响当地文脉的继承和发扬。因此,公路施工活动低碳化要求减少场地干扰、尊重基地环境。

(二) 减少施工污染

工程在施工过程中产生的大量灰尘、噪声、有毒有害气体、废物等,会对周边环境造成较大的负面影响。因此,公路施工活动低碳化应把环境保护作为基本要求,确保施工过程中产生的粉尘、固废、噪声、强光等污染物在规定范围内,从而减少环境污染,提高环境品质。

(三) 安排施工计划

施工人员应结合气候特征,在公路施工活动低碳化过程中合理选择施工方法和施工机械、安排施工顺序、布置施工场地。最基本的是要了解现场所在地区的气象资料及特征,并格外关注降雨量等外在因素,以减少因为气候原因而带来施工措施的增加,其有利于施工现场环境质量品质的改善和工程质量的提高。

(四) 节约集约利用资源能源

资源的可持续性是人类可持续发展的重要保障。相较于传统粗放式的生产方式,公路施工活动低碳化提倡资源的高效利用,即施工在确保工程质量的基础上,使用并推广能够提高资源和材料利用效率、增加材料回收利用的创新手段,实现资源与能源的节约集约利用。

公路施工碳排放因子库建立

为了更好地实现面向低碳的公路智能化管理,昔榆公司致力于构建全寿命周期碳排放管理体系,以实现从排放到履约的环保之路。建立碳排放因子数据库是公路施工活动的重要步骤。通过收集和整理不同材料和设备的碳排放因子,建立一个完善的碳排放因子数据库,如图4-1所示。这个数据库可使计量数据与具体的碳排放因子关联,从而实现更精准的碳核算。

图4-1 碳排放因子数据库

全寿命周期碳排放管理的第一步是对直接排放和间接排放进行全面监管。通过对施工设备、原材料的选择以及生产过程中的用电等方面的排放进行实时监测和计量,能够清晰了解项目的碳足迹,为后续的碳核算和管理提供科学数据基础。在全面了解项目碳排放的基础上,引入碳核算机制。通过建立碳排放因子数据库和对碳排放清单进行审查,将实现对碳排放的精准计算和核实。

将实时计量数据与对应碳排放因子纵向贯通,实现对整个公路施工过程的碳核算。这种通过过程计量与碳排放因子纵向贯通的管理方式将为低碳运维提供更为科学的数据支持,促使管理人员更有效地制定和执行碳减排策略,推动公路交通系统朝着更可持续的方向发展。碳排放清单如图4-2所示。

 公路施工碳测算与核算

当前,中国公路网建设进入快速发展阶段。在数字中国战略、质量强国战略及"双碳"目标的指引下,中国的公路建设将更加注重全过程、数字化、绿色化的发展。公路基础设施尚未纳入交通领域能耗及碳排放统计核算,未形成统一的碳排放评价方法,导致当前缺少基础数据积累，无法有效支撑工程建设全寿命周期方案决策。基于政策要求和时代所需，昔榆公司对公路施工过程中的碳排放进行实时监测和深度分析，识别主要的碳排放来源和影响因素，为制定有效的碳减排策略提供支持。

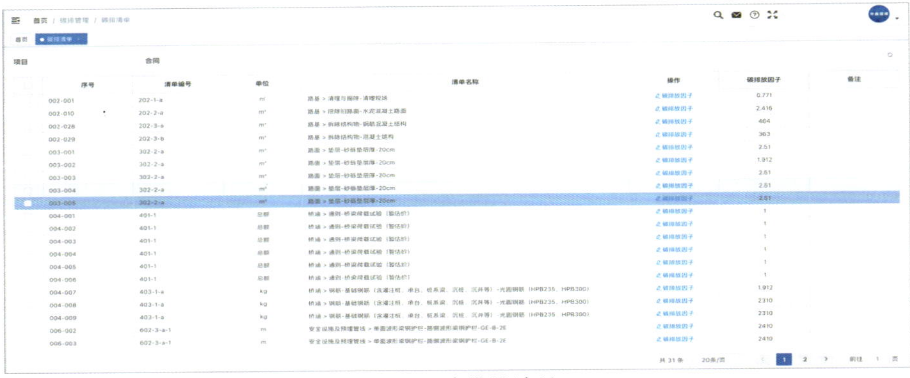

图 4-2 碳排放清单

昔榆公司专注于施工过程中碳测算与核算，引入先进的计量技术和碳核算方法，在面向低碳运维的公路智能化管理平台中，从项目管理、总分包合同的建立、原始清单的管理、周期性工程计量、设备材料的管理，到最终的过程计量与碳排放因子的智能化关联等方面，实现实时计量数据与对应碳排放因子的纵向贯通，为公路施工过程的碳核算提供全面支持。同时，建立起准确测算公路运维过程中的能源消耗和碳排放的体系，为运维决策提供科学数据支持，实现碳贯通的管理目标。

项目管理阶段是低碳管理的关键起点。借助智能项目管理模块，能够对施工项目的各个环节进行精准监控和规划，确保低碳目标在项目整个寿命周期内得以贯彻执行。这涉及项目施工计划的制订、资源配置的优化，以及在整个施工过程中对碳排放的实时监测。项目管理列表如图 4-3 所示。

图 4-3 项目管理列表

总分包合同建立阶段的关键在于将低碳目标纳入合同框架中。建立合同中的碳排放标准和限额，激励施工单位采取低碳施工手段、使用低碳材料，从而推动碳排放的降低，达到降碳增效的目的。合同配置列表如图 4-4 所示。

图 4-4　合同配置列表

公路原始清单的制定与维护是碳核算的基础，其界面如图 4-5 所示。在这一阶段，建立维护清晰的公路原始清单，将每个项目中的材料、设备和能源等元素明确列出，为后续的碳核算提供翔实的数据基础。

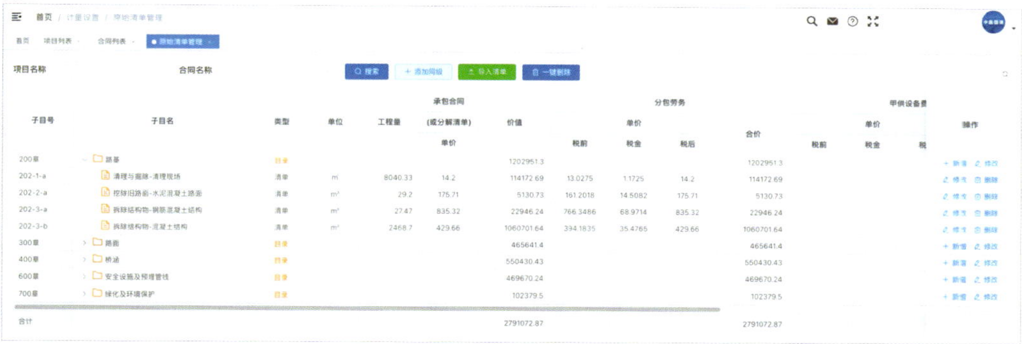

图 4-5　公路原始清单管理

周期计量支付是实现碳核算的关键环节之一，其界面如图 4-6 所示。通过在施工过程中定期进行实际计量，获取实时数据，结合项目管理模块以及总分包合同关系，动态监测、汇总碳排放情况，并在需要时及时调整施工方案，以实现低碳目标。

设备材料的管理是低碳原则的重要体现，设备管理与材料管理界面分别如图 4-7、图 4-8 所示。在采购和使用设备、材料的过程中，以低碳排放为优先考虑因素，寻找和选择符合可持续发展标准的替代品。这不仅包括采用新型高效能、低排放的施工设备，还包括选择绿色材料、回收利用材料等创新性做法。在设备和材料的选择上坚持低碳原则，有效减少施工过程中的碳足迹，为公路工程的可持续发展贡献行动力量。此外，还将建立健全设备维护和更新机制，确保设备的高效运转和寿命延长，从而降低资源浪费和碳排放。这一综合的设备材料管理策略旨在通过创新性的方式实现碳排放的最小化，为公路施工过程的低碳目标提供更可持续的解决方案。

图 4-6　周期计量支付

图 4-7　设备管理

图 4-8　材料管理

四 碳排放管理平台

昔榆公司加快推进 BIM 技术在工程全寿命周期的集成应用,健全数据交互和安全标准,强化工程建设全寿命周期数字化协同,研究基于 BIM 的跨建设阶段管理流程和数据融合标准,研发贯通公路工程建设全过程的碳排放管理平台,推动工程建设全过程数字化成果交付和应用。结合 BIM 技术和新一代信息技术,实现工程建设过程的数字化管理和生态环境监测。推广绿色化建造方式,降低全寿命周期资源能源消耗和碳排放。

在工程规划、设计、建设、运营、管理、养护全寿命周期的基础上,推广绿色化、工业化、信息化、集约化、产业化建造方式,推动新一代信息技术与工程建设的深度融合,研究工程项目数据资源标准体系和项目智能化审查、审批关键技术,开发工程项目全寿命周期数字化管理平台。以数字化技术促进绿色化发展,实现生态环境数字化监测和碳排放的实时计量。贯通工程建设全过程的碳排放数字化管理如图 4-9 所示。

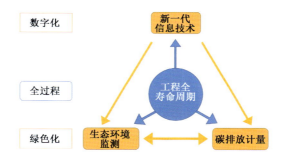

图 4-9 贯通工程建设全过程的碳排放数字化管理

秉承"智慧建设、品质昔榆"的工作理念,昔榆高速公路综合运用 5G+、互联网、大数据等技术,以"智慧路面"为依托,打通多源数据壁垒,建立统一的数据标准体系。围绕"工程计量"核心,横向深化路域沿线环境监测,纵向贯通工程碳排放计量,实现"三链"融合。碳管理数字化仪表盘如图 4-10 所示。在此基础上,全面统一运维管理,形成涵盖"三位一体"(数据、监测、计量)与"一运"(运维)的工程全寿命周期数字化平台解决方案。工程低碳数字化管理平台架构如图 4-11 所示。利用该平台,昔榆高速公路项目打通了项目建设管理全业务链条,实现了项目施工智慧建设全程可溯,探索出流程统一、标准统一、界面统一的新模式。

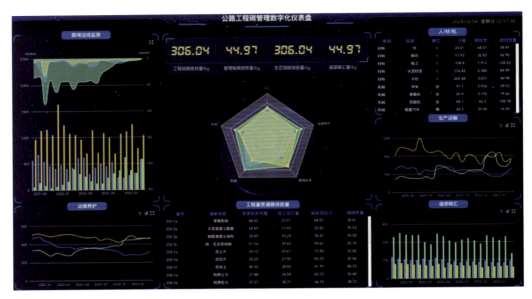

图 4-10　碳管理数字化仪表盘

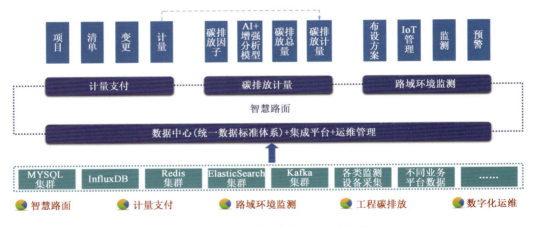

图 4-11　工程低碳数字化管理平台架构

(一) 计量支付

计量支付模块需要从建设单位、监理单位、施工单位三个不同角度全面反映计量情况,让三方都知道相应合同段中各清单项目的数量,杜绝重复计量、超计、漏计、少计等现象,做到三方心中都有一本账,使计量支付清楚明白。计量支付提供准确、快捷、自动算量和生成图表等功能,避免人工计算错误。监理单位收到施工单位提交的计量申请,检查核对后审批,提交到建设单位。建设单位审批同意,审批工作结束。可自动输出打印审批通过的表单,自动生成电子签名,并可根据需要输出电子版或打印成纸质版。计量支付管理导图如图 4-12 所示。

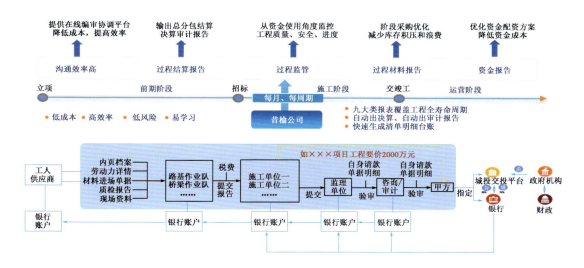

图 4-12　计量支付管理导图

(二) 碳排放计量

采用碳排放因子法计量,其配套软件在计量过程中收集各阶段的材料用量、设备运行能耗等大量可信、有效数据。同时,利用机器学习算法构建高速公路路面工程施工全寿命周期降碳增效预警模型,提高可持续性和经济效益。施工单位根据完成的工程量,选择对应表单,填写上传计量数据及附件,保证碳排放数据可追溯、可计量。

昔榆公司采用数字化、信息化的手段,将"人流""物流""资金流"转化为"信息流"。在工程招投标时,根据建设需求计算"清单量";实际生产活动中,面临着物料消耗的种类变化、变更情况,记录工程建设的"用工量";业主验收后方可得到"验工量"。发生生产交易时,完成合同的计量支付,得到精确度量的实际生产消耗,依托碳排放因子,计算出"碳排放流"。最后,将"信息流"与"碳排放流"有效整合,精确计算出工程实际的碳排放量。

昔榆公司深入探究工程领域碳排放因子,借助计量支付系统与工程碳排放计量的协同作用,开展了碳计量关键技术研究;通过建立数据实时传输和处理的高效机制,形成了碳计量溯源技术;运用"三位一体"平台及智能化数据分析,实现了碳计量服务能力建设。通过深入研究,率先解决了碳核算过程中碳排放数据准确性、溯源性、一致性问题,为碳排放可测量、可报告、可核查提供计量支撑。通过目标检测和识别任务,获取数据并计算碳排放量,提高精度和准确性,实现全寿命周期碳排放实时监测和准确预测,为高速公路建设提供碳排放管理解决方案。碳排放计量管理导图如图 4-13 所示。

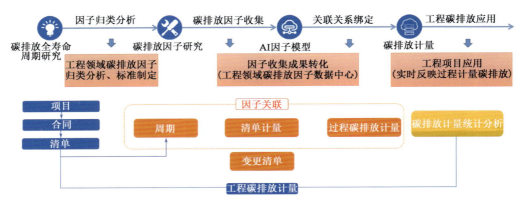

图 4-13　碳排放计量管理导图

(三) 路域沿线环境监测

路域沿线环境监测包括对公路、道路或交通基础设施周围环境的各种因素进行监测和评估，以了解其对生态、空气质量、噪声、水资源等方面的影响。路域沿线环境监测的重点在于，针对特定场景下监测技术与监测设备的选择，以及科学合理的监测布设方案的设计与落实。基于 AI 模型智能关联，将清单计量数据与碳排放因子数据库紧密结合，实现数据精确匹配。在路域沿线确定需要监测的关键点位，构建监测布设方案。同时将采集到的数据通过网络传输至中央数据库，基于数据分析的结果，生成环境监测报告，并设定阈值，一旦监测到超过阈值的情况，触发预警通知，以便及时采取措施持续监测环境数据，不断优化监测系统和环境管理策略。路域环境监测导图如图 4-14 所示。

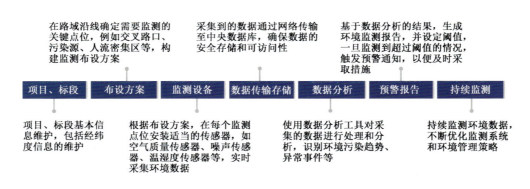

图 4-14　路域环境监测导图

(四) 智慧运维

依托数据中心和统一化集成平台，汇总计量支付、工程碳排放计量和路域沿线环境监测数据。在数字化管理平台中，将精确的生产消耗量通过统一编码后输入平台的碳排放因子数据库,得到碳排放的精确计算结果,实现统一数据编码、统一数据平台以及互联互通。在交付运维时,通过统一数据平台明确工程的实际消耗量,同时智慧运维可以将设计与施工阶段的需求全部考虑到位,不断完善工程的碳排放因子数据库。利用人工智能和数据分析技术,对数据进行综合分析,识别问题和趋势,进一步提供智能化运维和养护决策建议,例如路面维护周期、通行费调整等,实现对整个高速公路系统的实时监控、调度和管理。

第二节　工程场景数字化

一　智慧路面

(一)框架结构

路面管控系统实时监测施工过程,自动采集施工数据,并进行数据处理和分析,及时发现施工中的问题并加以解决。其中,试验室数据采集系统主要负责自动采集、实时判定各项试验数据,对试验室进行管理。沥青拌和站及水稳拌和站监测系统主要负责监测沥青、水稳等拌和站的生产数据,在拌和站安装智能管控终端,实现混合料拌和生产环节关键参数的实时采集、分析、预警、决策,提升混合料生产管理水平,降低生产质量波动。通过对沥青路面施工前场设备的物联网信息化改造,实现对沥青拌合料的运输、摊铺、碾压全过程智能化监管。昔榆高速公路智慧路面系统架构如图4-15所示。

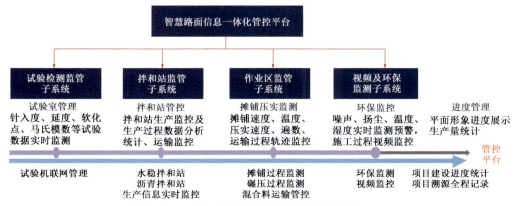

图4-15　昔榆高速公路智慧路面系统架构

(二) 功能应用

1. 试验机数据采集远程监控系统

昔榆高速公路智慧路面系统应用试验机数据采集远程监控系统对试验室进行管理。该系统针对试验室试验机进行数字化改造（内嵌计算机、网络设备），并在云端系统安装沥青试验远程数据采集智能监控系统。在每个沥青试验仪器上安装一个数据采集模块,通过外接数据采集终端,完成数据采集系统部署。随后,系统将沥青材料针入度、软化点温度、延度、稳定度、流值、马氏模数等检测数据自动采集并上传至监控平台。根据试验检测标准对检测数据进行统计,并自动绘制直观的统计图,进行趋势性分析,实现对不合格数据的管控。试验机数据采集远程监控系统结构组成如图 4-16 所示。

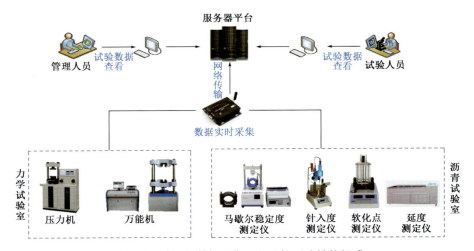

图 4-16　试验机数据采集远程监控系统结构组成

2. 混合料拌和运输碾压管理

昔榆公司应用混合料拌和运输碾压管理系统对运输车辆进行管理。在拌和站、运输车辆、摊铺机上安装移动定位管理终端硬件,同时借助在运输车辆上安装的昔榆公司自主研发生产的车辆身份识别跟踪管理系统（内含北斗/全球定位系统定位、激光测温仪、车控主机）和高精度全球定位系统（GPS）,对运输车辆进行身份识别,并在云平台将终端 ID 与车辆进行设置绑定,保证数据能正常上报到云平台。考虑到施工现场的运输车辆流动性较大,而安装定位客户端需要花费一段时间,昔榆公司提供了一种快速安装、精准测量的监管实施方案,即采用无线射频识别（RFID）技术和 GPS 定位设备相结合的方式进行混合料运输碾压监管。该系统实时监控运输车辆接料信息、运输时长,监测每一车混合料从拌和站到现场碾压的全过程,也可查询到任意桩号的混合料运输信息进行质量溯源。混合料拌和运输碾压管理系统组成如图 4-17 所示。

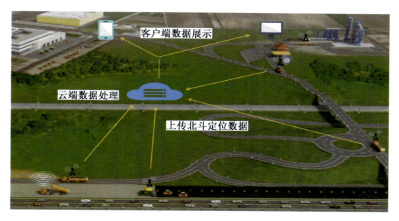

图 4-17　混合料拌和运输碾压管理系统组成

3. 路面摊铺压实质量管控系统

路面无人摊铺压实设备进行施工时，机载全球导航卫星系统、激光接收机同步接收全球导航卫星信号和激光信号，并转发给全球导航卫星系统接收机，经接收机将信号转换为设备定位数据，再将定位数据发给控制器，子系统根据事先导入的工程参数输出驱动控制指令，以精准控制摊铺压实设备运行，提高沥青路面施工质量。无人机械碾压通过计算机中设定的软件程序、信号传输系统进行控制，保证摊铺机、压路机按照规定程序和路线通行，达到自动驾驶的智能化控制效果，并可实现碾压温度监测、实时数据共享、高精度路径跟踪、智能压实采集、自动行驶避障等功能。通过云计算和大数据技术，路面摊铺压实质量管控系统可以对海量的施工数据进行实时分析和处理，为施工人员提供准确的压实状态图和碾压次数分布图，这些数据可以帮助施工人员快速定位碾压薄弱区域，制定更合理的碾压方案，提高压实质量和工作效率。无人机械路面压实群组施工实现从摊铺到碾压环节初压、复压、终压全过程管控，多维度图形化展示和记录，实现现场操作手工引导和远程管理，保证碾压质量。路面摊铺压实质量管控系统结构如图4-13所示。

图 4-18　路面摊铺压实质量管控系统结构组成

二 智慧梁场

(一) 框架结构

智慧梁场生产管理系统是基于国内领先的建设领域信息化基础服务平台 4D Cloud 云平台,采用基于云的多终端架构,以数据为中心打造的工程建设行业大数据平台。4D Cloud 云平台内含先进的工程图形引擎和数据引擎,实现 BIM 与各类异构工程数据的融合、存储、管理和应用。智慧梁场系统架构如图 4-19 所示。该架构主要由物理实体层、孪生模型层、数据层、协同服务层和应用层构成。

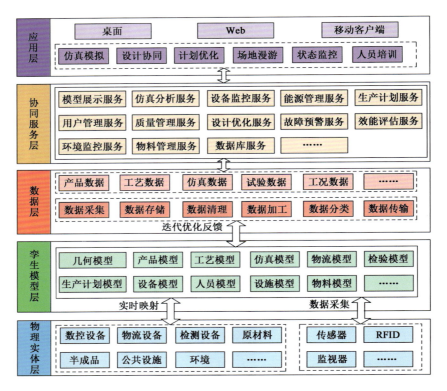

图 4-19 智慧梁场系统架构

1. 物理实体层

物理实体层是智慧梁场系统的基础,主要指物理梁场内设备、产品和人员等一切实体及加工、运输和仓储等生产活动的集合。物理实体层通过组织、协调和管理将原材料制备成产品,并布置有传感器、RFID、定位系统等感知设备,负责采集生产要素信息为上一层系统提供基础数据。物理实体层也服从系统的反馈信息命令,使整个系统的功能在物理空间中实现。

2. 孪生模型层

孪生模型层是数字孪生技术的核心,是物理实体层在虚拟空间中设计开发所生成的数字模型及所有信息和知识的镜像。孪生模型层根据生产数据不断进行更新,实时映射物理实体层的状态。孪生模型层具有交互、协调和控制属性,主要负责创造出一个与真实环境一致的三维场景,在该场景中对排产调度、物料流转、制梁工艺等生产活动进行仿真、分析、优化、决策等。

3. 数据层

数据层由孪生模型层数据、知识库、算法库、规则库、历史数据及梁场管控系统数据组成,主要负责数据的建模规划与数据交互传输处理,为全系统运行提供数据支撑服务。由于制梁过程中产生的数据具有多源异构的特点,数据层采用大数据和云计算等技术对这些数据进行关联、挖掘和分析以得到有效数据,最后还需要将这些数据通过通信机制反馈回孪生模型层。

4. 协同服务层

协同服务层是建立在物理实体层、孪生模型层和数据层之上,面向用户服务的层级,其关键是将生产流程所有功能转换为服务对外提供。协同服务层需要将产品全寿命周期的各个阶段相连接,打通整个系统的数据流与信息流。协同服务层还需要负责提供改进方案和智能决策,例如提供智能排产、协同工艺规划、梁体质量管理、生产过程管控、设备健康管理、能效优化分析等各类生产服务。

5. 应用层

应用层主要面向系统工程师、制梁操作人员和梁场管理人员等用户。应用层的实现应充分考虑梁场生产与管理人员的操作需求,实现桌面应用、Web 应用和移动端应用,辅助其提高生产管理决策水平。在应用层,可以利用虚拟现实(VR)或混合现实(MR)等技术对梁场生产人员进行使用和维护培训,还可以拓展新功能,增加新的应用模块。

(二)场景应用

1. 钢筋智能加工和订单配送

昔榆高速公路项目采用数控钢筋锯切套丝生产线用于钢筋的切断,实现智能化操作、模块化输入、自动定尺、节能省料、操作简单,对操作人员素质要求不高,具有自动化程度高、工作效率高、工人安全有保障等优点。数控钢筋锯切套丝生产线的使用,达到了降低工人劳动强度和提高生产效率的目的,有效保证了钢筋机械连接丝头加工精度与质量。数字化钢筋加工场如图 4-20 所示。

图 4-20 数字化钢筋加工场

昔榆公司构建以工业 4.0 思想为指导,以云计算、大数据、物联网、智能控制为核心,基于钢筋工程工业化建设关键技术开发与应用的智能加工订单配送一体化管理,涵盖仓储管理、订单管理、生产管理、库存管理、质量管理、配送管理、数据监控以及报表分析等应用。相比于传统的加工配送方式,将信息化系统、加工设备、管理环节进行对接融合,为各施工项目提供整套解决方案,实现钢筋仓储、翻样、下料优化、生产加工、物流配送、余料的全流程智能化、工厂化、标准化的实施与管理,帮助项目实现以提升钢筋生产效能为基础、以节约成本为目标、以支持施工进度为要求、以满足质量为底线的智能化钢筋生产配送。

2. "移动台座-固定液压模板-蒸汽养护棚"一体化制梁系统

昔榆高速公路智慧梁场创造性投入使用"移动台座-固定液压模板-蒸汽养护棚"一体化制梁系统。通过移动台座,施工过程中省去腹板钢筋提吊安装环节,变形少,整体性好,实现模板拆装自动化,减少过程施工中模板受力不均产生的变形。整体式液压打破传统敲、打、撬的拆模工艺,极大地控制了梁体损伤。蒸汽养护棚替代传统覆盖喷淋养护,采用现代化智能变频蒸养系统对 T 梁进行无死角智能蒸汽养护。根据预制梁场的实际情况,将其分为钢筋加工区、台座横移就位区、混凝土浇筑区、智能蒸养区、张拉压浆与台座横移区,如图 4-21 所示。

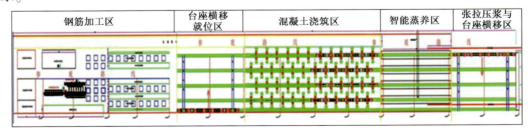

图 4-21 智慧梁场整体平面布置图

3. 预制 T 梁智慧固定液压模板

固定液压模板是在传统模板的设计基础上,将分节的模板转变为整体钢模板,并集成智能液压动力系统与振捣系统,即将多个(根据预制 T 梁长度不同而不同)单缸液压油顶组合成智能液压动力系统,并安装多个附着式振捣器组成振捣系统。固定液压模板既易于控制梁体形状和尺寸的准确性,又便于混凝土浇筑以及液压模板整体拆除。模板结构有足够的强度、刚度和稳定性,并能够承受混凝土的重量、侧压力和施工中可能产生的荷载。

4. 预制 T 梁智慧蒸汽养护棚

智慧蒸汽养护棚采用试验恒温养护室标准建设,内设隔热保温层。制作中,采用"刚柔"结合的方式,先制作养护棚顶部骨架,再根据工况进行调整,模块化分段加工。对于不同长度的梁型,只需增加或减少模块即可。养护棚骨架选用不锈方钢材料,在其上覆装塑钢板,用铆钉将塑钢板固定,使其连成一体,防止大风天气破坏蒸汽养护棚。蒸汽养护棚的模块化设计可满足通用性要求,能预留出后续工作空间,以便后续工作完成后能迅速封闭端部,使操作更安全便捷。智慧蒸汽养护棚和控制系统如图 4-22 所示。

图 4-22 智慧蒸汽养护棚和控制系统

三 智慧物料

智慧物料系统分为两个子系统,一是物料统一管理平台,二是物资统一管理平台。物料统一管理平台以物料管理为核心,实现物料收、发、存与核算的统一管理,使物料管理实现实时盘库、实时对账,并与各个系统对接。物资统一管理平台以物资管理为核心,通过打通电商平台、资产管理系统、财务系统,一站式展示物资类物品流通流转过程与痕迹,实现全流程溯源,最终实现物资物料的全寿命周期管理。

(一) 框架结构

智慧物料系统框架结构如图 4-23 所示,分为前台、中台、后台三部分。其中,后台又分为工具层和方案层,由各业务子系统构成,将项目施工现场智能终端元件所记录的物料信息进行记录、分析,并共享至中台,为前台应用及决策提供数据支撑。中台分为业务中台、数据中台、技术中台。前台为数据应用层,主要将施工现场收集的物料的相关数据及分析结果进行展示和信息共享,为企业和项目决策提供依据,并实现施工现场安全事故预警功能。

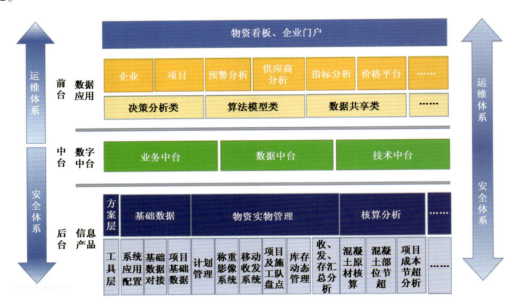

图 4-23 智慧物料系统框架结构

(二) 系统应用

1. 材料管理系统

依托信息技术,遵循项目材料管理业务流程,材料管理系统对工程建设项目中所用的水泥、钢筋、外加剂等各种原材料从进场登记(进场日期、批次、厂家、数量、存放位置等)到指标检测情况,再到使用登记(使用日期、批次、厂家、数量、使用工程部位等)进行有效管控,并具备检测频率提醒、库存不足预警、自动统计分析等功能,实现材料进场、检测、使用等各环节的全过程追踪溯源。材料管理系统如图 4-24 所示。

2. 称重管理系统

称重管理系统是集自动语音指挥、称重图像即时抓拍、防作弊、道闸控制、远程监管系统等功能于一体的智能称重系统。利用计算机、网络通信等信息化技术和手段,通过加装地磅数据智能采集终端,动态采集电子地磅的过磅称重信息,并实时上传至称重管理系统,实现实时查看过磅流水清单。该系统在称重的整个过程中具备计量数据自动采集、毛重自动判别、自动指挥、自动处理、自动控制等功能,实现管理人员对地磅数据的远程动态监管。进出场车次及称重信息如图4-25所示。

图 4-24　材料管理系统

图 4-25　进出场车次及称重信息

3. 拌和站动态监控系统

基于云计算、物联网技术,运用自动控制、无线传输等先进信息化技术手段,实时采集混凝土拌和站、水稳拌和站、沥青混合料拌和站生产过程中的各种原材料用量、配合比、拌和时间等信息,并实时上传至拌和站动态监控系统,实现对全部路材生产设备全过程自动化监控。混凝土消耗量、实耗量、完成率记录页面如图4-26所示。

图 4-26 混凝土消耗量、实耗量、完成率记录页面

根据磅房的收料明细,通过自动匹配技术实现收料过程与合同的一一对应(对于因为编号错误、未定价等问题不能实现与合同自动匹配的数据,根据线下调研结果,物料统一管理平台会增加一项线上对账功能,把目前线下的对账流程搬到线上,即可实现合同与磅房收料的一一对应,实现收料过程的全线上自动化管理),然后通过物料统一管理平台的收料明细,匹配合同生成入库单,推送成本系统,同时推送财务系统。通过物料统一管理平台的发料明细推送成本系统,在成本系统进行出库与成本归集。物料统一管理平台盘点数据按月推送给成本系统,成本系统进行材料盘点调整。

将智慧物料系统与成本控制中心数据打通,实现物资物料的实时核算,分析和展示物料变成产品的流转过程与动态的核算变化流程,并且对异常情况进行动态实时预警,使物资物料管理做到流程清晰、轨迹闭环、日清月结、自主可控、操作简捷。

四 智慧隧道

(一)框架结构

对隧道机械化施工、信息安全保障等进行研究,构建了隧道施工信息化管理核心系统平台,从公司层面部署隧道监管系统,大量节约项目分布式部署的成本,且系统产权自主化,可以根据公司管理进一步开发,快速响应施工管理需求。系统在所有隧道全面部署,使管理水平达到智能化预警、远程监管的新高度,通过系统与业务结合,不断提高昔榆公司安全监管部门的预测、管理能力;通过各项目自动汇整的报表,长期获取大数据,自动对安全风险源进行定级,并可实现智能化、自动化预警。

构建"班组基础管理、标段主体自控、监理安全监管、项目公司全面负责"的安全生产大数据信息化平台,实现项目公司主体、监理单位、标段项目部、施工班组四方数据共建、共管、共用,实现昔榆公司"一盘棋"管控。

昔榆公司基于协同工作要求进行四方共享平台的建设,实现隧道工程项目管理各个环节之间的信息共享和协同作业,支持扩展与企业信息化,提供资源的整合、信息的共享及业务的协同。建立支撑工程信息共享的信息交换接口,实现信息模型的导入、系统内模型数据的整合、模型及信息的导出、模型与信息的交互浏览等。依托BIM技术,对隧道工程进行精细化设计、施工与运营管理,同时融合移动互联网、云计算、物联网、大数据等新一代信息技术,打造四方信息化协同管理平台。

(二) 功能应用

智慧隧道系统包括人员管理、设备管控、环境监测等管理模块,远程监控施工现场,实时监测隧道动态数据,及时发布预警信息,保障隧道施工安全。智慧隧道系统界面如图4-27所示。

图4-27　智慧隧道系统界面

1. 人员管理

公路隧道施工复杂,作业人员呈线状分布、移动性高,施工安全存在诸多不稳定因素,传统管理模式是在入口处和掌子面设置闸机和摄像头来管理进出隧道人员,无法精确掌握所有人员工作动态,存在作业盲点,难以实现全面管控。昔榆高速公路智慧隧道系统以门禁系统、实时位置定位和智能安全帽"三位一体"的手段实现人员的精准管控。智慧隧道系统人员管理界面如图4-28所示。

图 4-28　智慧隧道系统人员管理界面

2. 机械设备管控

机械设备管控界面可查看项目设备进场情况，了解设备基本信息、合格证书、检验报告等资料，准确查询隧道内机械设备详细位置，监测设备工作状态并对异常行为预警，实现远程报警、远程监管。当设备发生故障时，快速准确锁定故障设备，及时组织相关人员进行维修，有效降低设备故障对工程施工进度的影响。智慧隧道系统机械设备管控界面如图 4-29 所示。

图 4-29　智慧隧道系统机械设备管控界面

3. 环境监测

隧道施工过程易导致环境空气质量差，可能产生有毒有害气体，对隧道内施工人员的职业健康、生命安全产生威胁。通过扬尘监测设备对邻近施工区域空气中的 PM2.5、环境温度、空气湿度、风速风向等参数进行监测,提醒参建单位降低施工对周边环境的影响,预防重大或突发性空气污染事故。扬尘监测原理如图 4-30 所示。

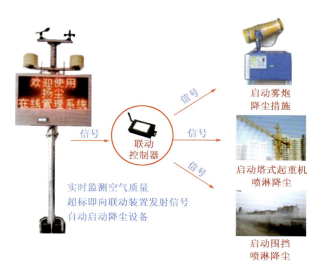

图 4-30　扬尘监测原理示意图

系统对隧道内各种有害气体进行实时监测,当隧道内出现重大安全事故时,可以根据事先设定程序,调动相关应急预案,指挥现场人员撤离。也可以人工调用应急预案语音,实时播报应急救援指令,无延时播放给指定区域;还可以通过麦克风直接指挥有关人员撤离。

五　进度数字化

(一) 系统建设

昔榆高速公路项目建立了集建设单位、施工单位、监理单位于一体的统一的管理平台。各相关人员可以随时在进度管理系统中查看、共享和传递相关信息。进度管理系统涵盖项目动态、概算执行、投资进度项、项目总投资、投资年计划、投资进度月报、工程量进度项、工程量进度月计划、工程量进度日报、施工进展视频等模块,具备数据填报、审批、汇总、查看功能。进度管理系统主界面如图 4-31 所示。进度管理系统能够协助昔榆公司以及各个项目部对昔榆高速公路项目的进度计划、实施进程进行安排和监控,及时、准确地反映项目进度状况,实现动态的项目进度控制。

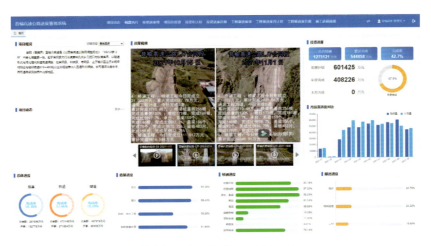

图 4-31 进度管理系统主界面

(二) 数字化管理

1. 投资进度管理

昔榆公司将昔榆高速公路各部分概算执行费用进行数据初始化导入,用以反映昔榆高速公路各分项工程的投资完成情况,相关费用包括批复概算金额、月度完成投资额、年度计划与累计总投资额、年投资与总投资完成进度百分比等。概算执行业务模块(图 4-32)可以帮助项目管理人员快速、准确地收集概算的数据,清楚掌控项目实时经济状况,为项目节约成本、提高投资效率提供精准的参考依据。

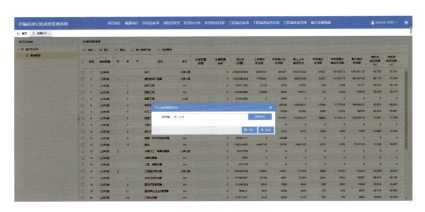

图 4-32 概算执行业务模块界面

2. 工程量进度管理

在工程量进度管理工作中,昔榆公司依托"2361"数字管理平台搭建了进度模型,通过鲜明的颜色标识直观展现不同构造物的施工状态。其中,绿色表示已完成,黄色表示正在施工,红色表示未施工。借助进度模型,工程进度一目了然,大幅提升进度管理效率,有助于昔榆公司精准地制订和调整施工计划,优化资源配置,确保昔榆高速公路工程建设能够按照预定目标顺利推进。

在进度管理系统中,工程量进度管理可分为工程量进度项、工程量进度月计划和工程量进度月报三个业务模块。进度管理系统以饼状图的形式显示路基、桥涵、隧道的工程量进度完成情况。对昔榆高速公路项目的工程量进度项进行数据初始化导入,基于工作分解结构(WBS),将昔榆高速公路工程分为路基路面工程、桥涵工程、隧道工程、机电工程、交安工程、绿化工程等分项工程,每一分项工程又分解为多个子项目,有助于投资进度的合理安排、资源的有效分配,实现精细进度管控。

3. 无人机航拍施工进展

为解决进度管理过程中因数据采集效率低下、实时监控管理不足而造成的各种问题,昔榆公司采用信息化技术实现进度数据的采集,弥补传统进度管理的缺陷。以无人机倾斜摄影航测技术、物联网、大数据等新一代信息技术为基本手段,以全面感知、实时传送和智能处理为基本运行方式,将昔榆高速公路建设周期内的物理空间与虚拟空间进行深度融合,实现进度管理智慧化。在进度管理系统中,昔榆高速公路各标段利用施工进展视频业务模块,定期上传航拍视频,如图 4-33 所示。

图 4-33　施工进展视频业务模块界面

第三节　智 慧 劳 务

劳务管理平台

(一) 云系统管理

智慧劳务系统的建设,绝不是对各个功能的简单堆砌,而是寻求内部各个功能之间、与外部其他智能化系统之间的完美结合。智慧劳务系统主要依托于云系统管理平台,实现对众多功能的统一管理和控制,进而实现统一数据库、统一管理界面、统一授权、统一管理业务流程。

智慧劳务云系统管理平台基于人脸识别、物联网、云计算、大数据多项核心技术,规范了对承包商、分包商和班组的管理流程,实现了对劳务工人从进场、合同签订、评价、考勤、退场的全过程管理,可对接政府主管部门关于劳务工人实名制信息的管理要求,按时提交各施工项目的实名制和考勤数据。同时,设计了分账制管理功能,可对劳务工人工资信息进行统一查看和管理,并引进了智能识别和大数据技术,可对施工现场进行智能监控和无感考勤。

(二) 劳务管理网

基于物联网技术,按照全国劳务实名制数据标准进行项目产业工人实名制录入工作,搭建劳务管理网。对产业工人的管理,不仅仅是建立可供查阅的数据库,还要通过数据库提供的实时信息对人员进行精准管控,实现"点穴式"高效管理。融合物联网技术,打造施工现场人员信息化管理的升级版是非常有必要的,同时也是智慧工地建设的核心组成部分。

(三) 手机端管控

钉钉手机端 App 管控实现对产业工人的全方位管理。管理人员通过计算机、手机移动终端对现场施工作业人员进行远程实时监控,从而掌握现场情况,便于及时发现问题,实现中心与现场的全方位互动。昔榆公司通过智慧劳务系统,着力打造精细化、智能化、高效化管理新模式,满足对项目的即时管理需求。智慧劳务系统框架结构如图4-34所示。

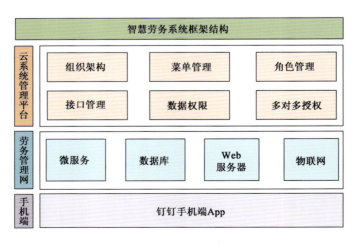

图 4-34　智慧劳务系统框架结构

二 基本功能

（一）实名制管理

采集劳务人员的基础信息并实行进场实名登记，智慧劳务系统信息登记情况如图 4-35 所示。劳务人员实名制的登记信息包括身份证号、劳动合同、联系方式、工种（专业）、日工资标准、银行卡号、体检报告等。对于超过法定退休年龄以及有犯罪记录、有吸毒史、身体残疾或有风险类疾病的，一律不得录用，由劳务协作单位负责退回，并承担相应费用。每位进入项目施工现场的劳务人员，都在实名制模块中生成唯一的二维码，所有现场产业工人实名登记并实行二维码管理，并通过指纹或人脸识别实现项目"一卡通"。

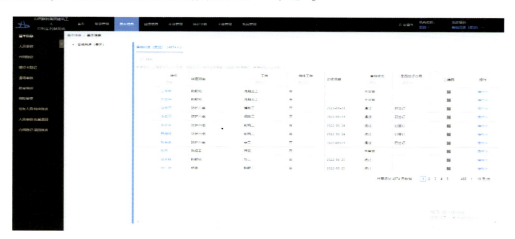

图 4-35　智慧劳务系统劳务人员基本信息

（二）考勤管理

借助 RFID、传感器、视频监控、GPS、移动终端等先进设备，能够实现对建设项目施工过程中产生的数据信息进行采集、传递、处理与反馈。昔榆高速公路项目劳务人员都配备有一个单独的二维码，并粘贴在智能安全帽上。扫描二维码，除了显示基本身份信息外，还显示有应知应会、应急救援的相关内容。在昔榆高速公路工程中，借助 RFID 技术与智能安全帽，自动采集劳务人员进出指定区域通行信息，统计考勤信息。智能安全帽是具有定位、感知、预警和音视频通信功能的智能穿戴新设备，实现感知、分析、服务、指挥、监管"五位一体"功能。

此外，考勤管理系统以智能安全帽为载体，基于智能安全帽全过程定位技术，实现智能安全帽全方位定位、人机交互安全管理预警，构建监管安全预警体系，做到现场施工安全的高效管控，有效提高工程建设安全管控的水平与效率。在每日考勤核查过程中，发现有新增人员未实名制登记的,要及时进行实名制登记,并录入钉钉系统,确保考勤记录准确无误。钉钉考勤打卡界面如图 4-36 所示。

图 4-36　钉钉考勤打卡界面

(三) 培训管理

昔榆公司对所有进场参加施工的人员分批分次进行岗前培训,每次培训时间不低于 15d,培训后统一考试,同时巩固检验培训学习的成果。根据反馈的信息,了解培训学习的效果,以便及时改进学习的方式和方法。对学习人员的考核,可采取笔试、口试、实际操作等多种形式,考试不合格者,继续学习,直至合格。人员教育培训界面如图 4-37 所示。

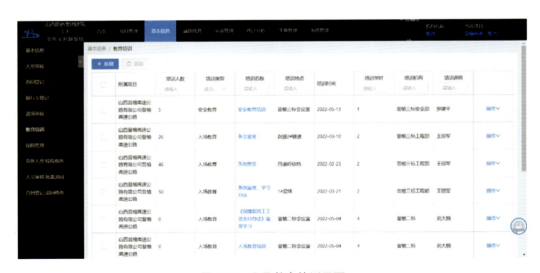

图 4-37　人员教育培训界面

(四)绩效管理

绩效管理模块通常与其他模块关联,以实名制门禁考勤为主、管理人员在手机端进行计量考勤为辅,综合劳务工人的基本工资、奖励、扣款等,自动计算出绩效,经劳务工人签字确认后,在系统里提交审核。在教育管理模块中,实时记录各类劳务人员的学习状态,将未学习和未通过考核的劳务人员的二维码转为异常状态实时预警,对长期不参与学习和考核的人员实行重点分类管理,在施工现场通行过程中限制其通行,并实行绩效惩罚。次月初,将考勤数据导出,作为绩效管理的依据,不得向无考勤者支付该月工资。劳务工人考勤情况如图4-38所示。

图4-38 劳务工人考勤情况(截图)

三、应用成效

(一)实现实时可控

全新的智慧劳务系统不仅能满足当前管理需求,还能在节约一定成本的前提下对劳务人员实现实时可控管理。智慧劳务系统以项目工地实际业务为依托,将项目工地各环节的业务进行集成化、数字化,为相关劳务人员提供一站式、全方位服务,保证项目平稳有序地开展。

(二)方便人员监管

由于施工现场劳务人员流动性大,为快速掌握劳务人员的动态,采用了当前智慧劳务系统中的全新管理技术,实现识别定位功能。为方便监管,可增加可视化管理功能,并利用智慧工地的图像同步传达等类似技术,将现场立体动态转化为平面化视频或图像,清晰展示现场劳务人员信息。

(三)进行统一管理

通过智慧劳务系统,可查询劳务人员的基本信息、考勤打卡情况、银行卡登记、合同登记、工资发放、教育培训、奖罚信息等,保障施工单位和劳务人员的合法权益。同时,可以实现对分散的工地进行远程统一管理,避免管理人员频繁去现场监管、检查,降低人员管理成本,提高工作效率。

第四节 智慧监理

一、智慧监理管控平台

昔榆公司重视高速公路施工现场的统筹工作,实现无纸化审批,免去打印、存储、归档等成本,将监理工作产生的过程化资料同步存储,保证工程资料的连续性和完整性,有效杜绝纸质版资料丢失的情况;并且更加有针对性地对重点部位进行检查,发现施工过程中的质量情况、安全问题,严把质量、安全关。

对于监理人员的考勤管理与履职管理,采用传统考勤机打卡方式已经无法满足企业快速发展的要求。对于昔榆公司而言,对"监理人员上岗考勤管理"与"监理人员履职"两大方面运用数字化的管理方式,不仅能够实现监理人员的考勤在线管理,还能够实时查看监理人员的状态,全面反映监理工作的情况,提高工作效率。其中,监理人员上岗考勤管理包括考勤管理与在岗管理,监理人员履职包括监理人员合同履约、日常巡视问题上报及闭环处理、监理人员能力培训及考核。

智慧监理管控平台采用浏览器/服务器(B/S)架构,软件安装在服务器端上,监理人员及业主只需要通过浏览器即可登录智慧监理管控平台。从工程实际情况出发,为方便监理人员随时登录系统,智慧监理管控平台的网络拓扑结构采用局域网作为基本物理结构,提高系统的延展性、可扩展性和数据可移植性。为此,智慧监理管控平台的框架结构可分为基础层、平台层、应用层。其中,基础层包括微服务、数据库、Web 服务器、物联网、智慧设备等。平台层是指智慧监理管控信息化平台的基础平台,包括鉴权平台、文件平台、定位服务、日志服务等子模块。应用层是指智慧监理管控信息化平台,包含监理企业信息、阶段考核评价、监理人员管理、监理单兵系统、费用支付监控、监理日常工作等 14 项子应用。昔榆高速公路智慧监理管控平台框架结构如图 4-39 所示。

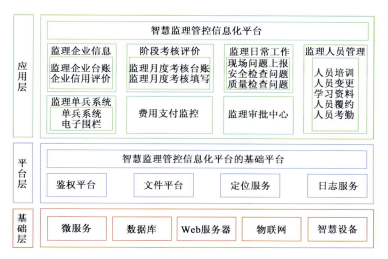

图 4-39 昔榆高速公路智慧监理管控平台框架结构

二 监理功能

（一）监理企业信息

监理企业信息模块展示的是承担昔榆高速公路项目监理工作的 6 家监理企业的关键信息，如地址、注册资金、人员规模、法定代表人、组织机构代码、企业简介、上年度全国信用等级、营业执照等。通过建立监理企业台账的方式，将关键信息保存至平台中，存档备查。此外，监理企业信息模块还能够量化信用评价体系，公示每个监理企业上一年度的信用评价分值，并按照信用评价得分进行排名。昔榆高速公路智慧监理管控平台——监理企业台账界面如图 4-40 所示。

图 4-40 昔榆高速公路智慧监理管控平台——监理企业台账界面

(二) 监理单兵系统

监理单兵系统采用5G+北斗实时动态差分(RTK)人员定位技术,以手持单兵作为移动接收器,结合智慧监理管控平台,实现监理人员实时定位、视频监控联动、电子围栏、历史轨迹回放等功能,有效满足监理单位对施工现场的安全生产管理的多项需求,帮助昔榆公司守好安全防护线。

5G+北斗RTK人员定位技术是将5G新一代无线通信网络和北斗RTK定位技术相结合的室内外混合定位技术方案。它融合了5G的高速数据传输和低延迟特性,以及北斗RTK技术的高精度定位能力,为人员定位提供更加准确和实时的解决方案。其中,RTK技术通过使用多颗北斗导航卫星,配合地面的基准站、移动接收器(如移动设备或测量仪器),实现在厘米级精度范围内的高精度位置测量。智慧监理管控平台可以实时监测监理人员的位置,并进行相应的数据处理、管理和显示,从而提供实时的人员定位服务。

昔榆公司为监理、施工单位主要负责人配备了手持单兵移动设备(图4-41),不仅能够作为5G+北斗RTK人员定位的移动接收器,还能够机动地对施工现场进行数据采集,并通过5G网络将现场的实时音视频信息即时回传到后台监控中心,达到可视化、可管控、可指挥的效果。

图4-41　手持单兵移动设备及应用

(三) 监理人员管理

监理人员管理主要包括人员培训、人员变更、人员履约、人员考勤等,如图4-42所示。通过信息化手段对监理人员进行管理,能够显著提升监理人员的管理效率,满足施工阶段的监理工作需要,同时避免监理人员擅自离岗现象的发生,为项目建设工程质量保驾护航。

为全面提升监理、施工单位人员专业知识和管理水平,昔榆公司定期对各监理单位的主要管理人员、技术人员、试验人员进行线上考试(图4-43),考察各单位人员对制度、文件的学习掌握情况,进一步提升各单位人员的专业水平与管理能力。昔榆公司定期、动态对各监理单位进行履约检查(图4-44),过程中采取核查身份证等实名认证信息、对照"备案管理人员情况表"确定是否为本人等形式,全过程拍照签字并留存影像原始资料,将之作为监督管理依据。对于请假、出差等监理人员,通过钉钉考勤系统进行后台查证,并对后续履约情况继续跟踪落实,随时记录、每月汇总,形成闭环管理。

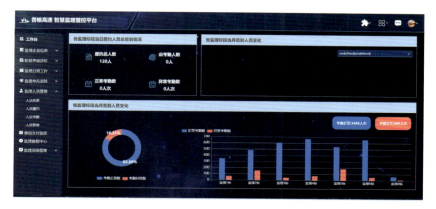

图4-42　昔榆高速公路智慧监理管控平台——监理人员管理界面

图4-43　线上考试平台

图4-44　监理人员到场履约

(四)电子围栏

电子围栏是定位服务(LBS)的一种新应用,即用一个虚拟的栅栏围出一个虚拟地理边界。当手持单兵进入、离开某个特定地理区域,或在该区域内活动时,终端可以接收自动通知和警告。

昔榆公司仅需简单设置,即可方便地对人员与设备进行定位,并实现地理监控。电子围栏达到实时动态查询监理现场的目的,实现监理人员越界预警功能。此外,一旦人员遇到危险或者需要援助,可使用随身佩戴的手持单兵进行一键求助,智慧监理管控平台的电子围栏(图4-45)板框将展示求救人员的基本信息与所在位置,管理人员可依据求助位置进行救援,提高安全救护效率。

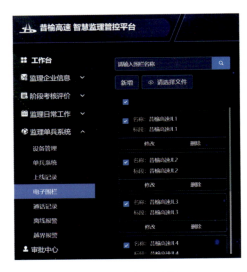

图 4-45 电子围栏

三、应用成效

(一)监理管理科学化

智慧监理以信息采集、标准化办理和集中管理的方式搭建智慧管理系统,实现建设工程项目管理控制的科学性和精准性,确保项目过程中的公正、公开和合理性,并综合考虑阶段考核、信用评价等因素,全力提升工程建设项目的实施效率,达到提升工程质量、建设品质工程的目的。

(二)监理管理信息化

利用计算机和网络信息化手段建立的智慧监理管控平台,有效整合了监理单位的基本信息以及监理日常工作记录,实现有效监督与持续监测工程施工,严格把控施工中的质量与安全问题,满足建设单位与施工单位的监管需求。

(三)监理管理标准化

通过智慧监理管控平台,严格审查和验收,确保各项施工符合国家或行业标准规范,保证施工质量的稳定性;加强对各参建单位的统一管理,有效实现监理工程的标准化管理。

第五章 CHAPTER 05

工程科技创新提升

公路交通品质工程数字化建设通过数字技术赋能,实现工程技术创新。技术创新的形式通过装备、材料、工艺、技术的数字化外在表现,或者内嵌于装备、材料、工艺、技术的工程生产过程,最终落实到质量攻坚与提升活动实践上。

昔榆公司注重工程科技创新提升,强化科研和施工联动,围绕"提质、增效、降本"开展科技创新,坚持数字赋能、技术引领、创新驱动,倾力打造品质工程建设新标杆,推广"四新"技术153项,发掘"三微改"或"五小微创新"共152项,取得省级施工工法14项,获得国家专利授权7项,获批地方标准3项,获省部级微创新奖9项,其中2项微创新成果分别荣获中国公路学会第三届全国公路微创新大赛金奖、中国施工企业管理协会第三届工程建造微创新技术大赛三等奖,"公路工程数字化建设"荣获中国交通企业管理协会第十九届交通企业管理现代化创新成果一等奖。本章就典型的微创新技术、"四新"技术、取得的工法及技术规范成果进行介绍。

第一节　微创新技术应用

一、手持式钢筋智能捆扎机

手持式钢筋智能捆扎机是一种用于钢筋捆扎的便携式设备,具备智能化功能,适用于桥涵工程,解决了传统人力手工捆扎质量低、作业速度慢等问题,如图5-1所示。利用手持式钢筋智能捆扎机的自动化结构,将钢筋捆扎带或钢丝绳绕在需要捆扎的钢筋上,并通过压紧装置将捆扎带或钢丝绳固定。手持式钢筋智能捆扎机通常配备控制系统,可以根据预设的参数进行自动捆扎操作。操作人员只需将机器对准钢筋,按下按钮即可完成捆扎工作。

图5-1　手持式钢筋智能捆扎机

该技术快速方便、安全可靠、操作简单,并且大大降低了劳动强度,提高了钢筋捆扎的效率和质量。手持式钢筋智能捆扎机能够自动捆扎钢筋,并确保捆扎的紧实度和稳固度。相比于传统手工捆扎,使用手持式钢筋智能捆扎机,可以节省人力和时间成本,减轻劳动强度,并提高了钢筋捆扎的一致性和可靠性。

二、装配式节段钢台座

装配式节段钢台座利用预制的节段式钢构件组成台座,用于支撑和定位桥梁的梁段或其他结构部件,适用于桥梁工程中梁板预制,如图5-2所示。该技术解决了传统桥梁施工中台座结构复杂、施工周期长、成本高等问题。这些钢构件经过精确设计和制造,并且通过精确的拼装方式形成稳定的支撑结构,具有足够的承载能力和稳定性,能够满足桥梁施工过程中的各种要求。同时,该技术还采用了先进的测量和定位手段,确保台座的安装精度和桥梁的几何线形。

图 5-2　装配式节段钢台座

装配式节段钢台座在施工场地受限时能够发挥巨大作用,同时,台座可快速拼装和拆卸,提高了施工精度和效率,缩短了施工周期;降低了施工成本,节省了材料和人力资源。此外,使用装配式节段钢台座,也提高了桥梁的整体质量和耐久性。

三、预制梁场门式起重机加装夹轨器

预制梁场门式起重机加装夹轨器用于桥梁工程中门式起重机等巨型起重机作业的固定和夹持轨道,解决了门式起重机等巨型起重机在工作中出现的轨道滑动、晃动或脱离轨道等问题。预制梁场门式起重机加装夹轨器(图5-3),通过夹持轨道来固定和稳定门式起重机,从而确保其在各种恶劣环境下的稳定性和安全性。夹轨器由气动气缸驱动,通过夹紧块夹持轨道,并利用弹簧提供足够的压力,以实现快速、准确地夹持轨道。

图 5-3　预制梁场门式起重机加装夹轨器

该技术采用与起重机底部结构连接在一起的夹钳,夹住轨道头部的两个侧面来防止滑行,大大减少了门式起重机的晃动和滑动幅度,提高了整机稳定性和安全性。此外,该技术也提高了工程施工的效率和质量,防止了意外事故的发生,大大减少了操纵时间,提高了作业效率。

四　桥面铺装混凝土养护自动喷洒技术

桥面铺装混凝土养护自动喷洒技术是一种应用于桥面铺装混凝土养护的现代化技术,适用于桥梁工程桥面混凝土养护。它能够解决传统人工养护方式中存在的效率低下、养护不均匀等问题,提高混凝土的质量和耐久性。通过自动喷淋设备,将水或其他养护剂以高压、雾状的形式喷洒在混凝土表面上。这种雾状喷洒方式可以使水分更均匀地分布在混凝土表面,避免局部过湿或过干,从而实现快速、均匀的养护效果。全自动喷淋养护台车(图 5-4)还可以根据设定的程序和时间进行自动喷洒,无须人工干预,进一步提高了养护的自动化程度。

图 5-4　全自动喷淋养护台车

该技术可大大提高养护效率,缩短养护周期,加快工程进度;由于喷洒均匀,可以有效避免混凝土表面出现干缩裂缝等缺陷,提高混凝土表面的平整度和美观度;此外,还可以节约养护用水和人力成本,具有一定的经济效益和环保效益。该技术实现了无人在施工现场也能自动喷水养护混凝土,覆盖率高,提高了养护混凝土质量,并且自动喷淋设备可高效率周转使用。

五 桥梁防撞护栏混凝土浇筑台车

桥梁防撞护栏混凝土浇筑台车是一种专门用于桥梁防撞护栏施工的设备,由行走控制系统、主钢桁架构、提升机、悬臂和吊篮平台等部分组成,全程无线遥控操作,如图5-5所示。这种台车能够解决高速公路混凝土防撞护栏施工难度高、高空作业危险性大的问题,有效消除传统施工过程中的安全隐患,提高防撞护栏的浇筑质量和浇筑效率。

图 5-5 桥梁防撞护栏混凝土浇筑台车

使用防撞护栏混凝土浇筑台车,可以快速、均匀地浇筑混凝土,减少人工操作的时间,降低劳动强度,提高施工效率;确保混凝土浇筑的均匀性和密实性,避免出现空鼓、裂缝等质量问题,提高防撞护栏的强度和耐久性;提供稳定的工作平台,降低工人在高处作业的风险,确保施工安全。

六 海绵胶管快速破除混凝土桩桩头施工技术

海绵胶管快速破除混凝土桩桩头施工技术利用海绵胶管的特殊性质和力学原理来实现拆除混凝土桩桩头,如图5-6所示。施工过程中,海绵胶管被嵌入混凝土桩桩头内部,然后充气使海绵胶管膨胀。当海绵胶管膨胀时,会在混凝土桩桩头内部产生较大的压力,从而使桩头破裂。通过控制充气压力和放气速度,可以精确控制破裂的位置和程度,以达到预期的拆除效果。

图 5-6　海绵胶管快速破除混凝土桩桩头

该技术能够有效破除混凝土桩桩头,克服传统的破除桩头混凝土施工工法耗时较长、劳动强度较大以及超灌混凝土桩基桩头混凝土与钢筋黏结导致的破桩困难的施工技术问题,适用于各种桩基的破除桩头混凝土施工需求。同时,该技术提高了工程的效率和质量,节省了人力和时间成本,降低了对周围环境的影响,提高了工程施工的安全性和可持续性。

七　智慧用电微改进

智慧用电微改进技术实现了对公路临建工程中电气设备的智能监控和管理。通过安装传感器和智能控制系统,可以实时监测电气设备的能耗情况,并进行能耗统计。同时,智慧用电微改进系统可以监测电压、电流、剩余电流等参数,当发生超欠压、漏电、过载等情况时,系统会发出报警提示,提醒相关人员采取措施,提高了电气设备的安全性和可靠性。借助实时监测和预警功能,可以及时发现并处理电气设备存在的安全隐患,避免事故发生。同时,能耗统计功能也有助于优化能源管理,提高能源利用效率。该技术的运用有助于昔榆公司自主开展隐患治理,消除潜在的电气安全隐患。

八　塔式起重机加装违规远程锁机系统

塔式起重机加装违规远程锁机系统用于塔式起重机的远程控制和锁机技术,适用于临建工程中需要对塔式起重机进行远程监控和控制的场所,可以解决塔式起重机违规操作问题,如图 5-7 所示。通过在塔式起重机上安装传感器和远程控制装置,将塔式起重机的工作状态实时传输到远程监控中心。远程监控中心可以对塔式起重机进行远程控制,包括启动、停止、转动等操作,并实时监测塔式起重机的工作状态。同时,该系统设置违规自动加锁功能,当操作员连续多次违规操作时,塔式起重机将自动锁定并停止运行。如需解锁,则需电话联系安监部门,由安监部门监控软件进行远程解锁。

图 5-7　塔式起重机加装违规远程锁机系统

该系统解决了以往塔式起重机操作员的违规操作问题,确保了塔式起重机在安全范围内工作,保证了人员的生命财产安全。此外,塔式起重机加装违规远程锁机系统大大提高了塔式起重机的安全性和工作效率。通过远程控制和监控,可以有效防止违规操作和事故发生。一旦发现塔式起重机存在违规操作或安全隐患,系统可以及时锁机,停止塔式起重机的工作,避免事故发生。

九　钢筋网片焊接模架

钢筋网片焊接模架(图 5-8)用于焊接钢筋网片,适用于隧道工程钢筋网片的生产和加工,可以解决钢筋网片加工时网格尺寸偏差不易控制等问题。将钢筋网片放置在模架上,并使用夹具进行固定和定位,可确保焊接的准确性和质量。

图 5-8　钢筋网片焊接模架

使用该模架提高了钢筋网片的焊接质量和生产效率。通过使用模架,可以使钢筋网片在焊接过程中保持稳定的形状和尺寸,避免焊接变形和尺寸偏差。同时,模架还可以提供合适的工作空间和操作平台,方便焊接工人进行操作和控制。

第二节 "四新"技术应用

一、无人机航测技术在土方算量中的应用

利用无人机航测技术进行土石方量计算,主要是通过无人机获取地形改造前后同一区域数字高程模型(DEM)与数字正射影像(DOM),然后将地形改造前后的 DEM 与 DOM 导入 Autodesk 的三维可视化分析软件 Civil 3D 中,分别进行统计分析,再通过 DOM 选取需要计算土石方量同一区域的 DEM,对其进行统计分析,得出改造过程中土石方的填挖方量。基于无人机航空摄影测量的土石方量计算作业流程主要包括测区踏勘、航线规划、地形改造前后航测数据采集、航测数据处理、DEM 制作、DOM 制作、地形改造前后数据分析、土石方量计算分析。航测数据处理流程如图 5-9 所示。

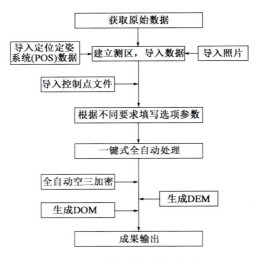

图 5-9 航测数据处理流程

相对于传统土石方测量方法,利用无人机航测技术进行土石方计算更加机动、灵活,不受地形限制,在平缓、陡峭地区均适用;数据采集更加快速,传统方法数据采集通常需要数周,该方法一般仅需 1d 就能完成,特别是当测量面积较大时,其优势更加明显;在测得地形高程数据的同时,该方法获取了影像数据,可更加精确地界定土石方的计算范围,使计

算结果更加精准;所得的 DEM 为数字形式,可直接导入商业软件中进行计算分析,提高了计算效率;使用该方法,减少了人员投入,减轻了外业工作量,节约了生产成本。

二 一次性土路肩多功能夯实成型机

一次性土路肩多功能夯实成型机(图 5-10)采用带滑动成型模板的摊铺机就地生产,一次性完成进料、外部成型压实,最后形成稳定、形状密实的土路肩。该技术利用夯实机传送带将填筑材料输送到土路肩施工部位,然后利用夯实机侧面的模具将填筑材料规整形成路肩,同时模具后方的振动夯通过高频振动压实成型的路肩。摊铺机具有自动化控制功能,可自动跟踪基准线,沿设定路线铺设路肩,且路肩厚度可得到有效控制和自动反馈。

图 5-10 一次性土路肩多功能夯实成型机

该工艺是一项创新的施工工艺,利用摊铺机代替了人工和部分机械,环保、节能,节约了大量的资源。由于是一次性摊铺压实,免去了压路机二次压实,节省了施工费用。就工程本身而言,缩短了工期,工程质量得到保证,减少了大量的措施费投入,且因工期提前,大大节约了管理费。

三 焊接机器人的应用

焊接机器人是为特定场合、特定工件、特定形状产品设计的焊接自动化设备,由六轴焊接机器人和焊接平台组成,如图 5-11 所示。增加第七轴、第八轴的行走系统后,适用于多种规格的盖梁钢筋的自动化焊接。焊接机器人性能稳定、精度高,其用于钢筋焊接,提高了工作效率,降低了工人的劳动强度,并且有效保证了钢筋焊接质量。

图 5-11　焊接机器人

四　T 梁固定液压模板

T 梁固定液压模板（图 5-12）是在传统模板的设计基础上，将分节的模板转变为整体钢模板，并集成智能液压动力系统与振捣系统，即将多个（根据预制 T 梁长度不同而不同）单缸液压油顶组合成智能液压动力系统，并安装多个附着式振捣器组成振捣系统。固定液压模板既易于控制梁体形状和尺寸的准确性，又便于混凝土浇筑以及液压模板整体拆除。模板结构有足够的强度、刚度和稳定性，并能够承受混凝土的重量、侧压力和施工中可能产生的荷载。

图 5-12　T 梁固定液压模板

T 梁固定液压模板可实时感知模板脱模状态，自动协调各部位动作，解决了原单一式液压模板脱模不同步、模板"卡死"等问题，避免了因模板变形产生的梁体损伤，缩短了模板安拆时间，提高了施工效率，降低了桁式起重机的使用率。液压控制台、振捣系统分别如图 5-13、图 5-14 所示。技术操作流程如图 5-15 所示。

图 5-13 液压控制台

图 5-14 振捣系统

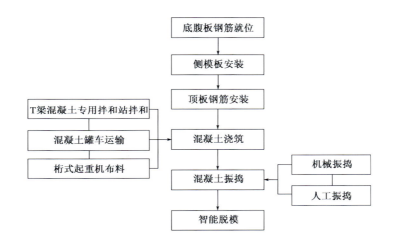
图 5-15 技术操作流程

五 自动浇筑衬砌台车

自动浇筑衬砌台车搭载信息化监控系统,配置一套混凝土分层浇筑布料系统,进行混凝土逐窗分层浇筑,设备可实现两侧和拱顶布料,每层设有四个入料点,进一步提高了衬砌施工效率和质量。该设备不仅具备拱顶防空洞预警、拱顶压力预警、视频监控、报表生成等功能,还可实时监测台车仓内浇筑位置、浇筑方量、对应浇筑口流量、各浇筑口的混凝土温度、浇筑位置的环境温度和湿度等。浇筑过程中的拱顶饱满度、拱顶压力等数据,以及所有监测信息均可上传、存储,达到施工过程可控、可追溯。

自动浇筑台车有效提高了二次衬砌混凝土浇筑的实体质量和外观质量,减少了换管施工工序,降低了劳动强度,减少了操作人员数量,节约了浇筑时间,提高了效率,降低了施工成本和安全风险。二次衬砌自动浇筑台车现场施工如图 5-16 所示。

图 5-16　二次衬砌自动浇筑台车现场施工

六　全自动液压自行式仰拱栈桥

全自动液压自行式仰拱栈桥自带履带式行走系统,附带弧形模板。仰拱开挖完成后,履带行走系统带动仰拱栈桥行走就位,钢筋绑扎完成后,弧形模板通过液压系统移动定位,然后浇筑混凝土,浇筑完成后,弧形模板向前,继续浇筑下一板仰拱,后方立模浇筑仰拱填充,依次循环,形成流水作业。

全自动液压自行式仰拱栈桥结合弧形模板,采用液压系统移动就位,使仰拱整体一次成型,再浇筑矮边墙的做法,减少了接缝,避免了填充侵入仰拱,确保仰拱受力线形,实现了仰拱流水施工;行走灵活,无须机械配合,行走定位速度快。栈桥定位后稳定性好,安全性高,避免了栈桥的倾覆风险。此外,全自动液压自行式仰拱栈桥排除了掌子面等施工过程中对仰拱施工安全的干扰问题,保证了开挖出渣的交通顺畅以及栈桥下仰拱混凝土施工作业的顺利进行,确保了隧道仰拱安全步距,避免了隧道内交叉作业产生的施工干扰,提高了隧道施工安全性和工作效益。全自动液压自行式仰拱栈桥现场施工如图 5-17 所示。

图 5-17　全自动液压自行式仰拱栈桥现场施工

第三节 工法制定

一 大型复杂枢纽保通设计的数字解决工法

大型复杂枢纽保通设计的数字解决工法适用于公路大型复杂枢纽的保通设计,解决了大型复杂枢纽的保通设计与施工中传统二维设计图纸难以呈现全路段设计要点的问题,合理且高效规划了人、车、环境等因素。相比于常规的基于BIM的道路仿真管理平台,该工法大大降低了保通施工的费用,缩短了保通施工的工期。

该工法通过BIM、GIS与交通仿真跨学科融合及虚拟现实(VR)/增强现实(AR)技术,根据保通设计的需求设计了从数据采集至保通方案成果交互式展示的全过程,规划了整个解决方案的数据流转过程。同时,考虑到技术架构设计应具备的层次化和模块化,通过代码逻辑层的设置实现底层数据层与访问层的分离和弱耦合性,运用交通仿真分析软件对优化后的方案进行量化评估。大型复杂枢纽保通设计的数字解决工法技术架构和流程如图5-18、图5-19所示。

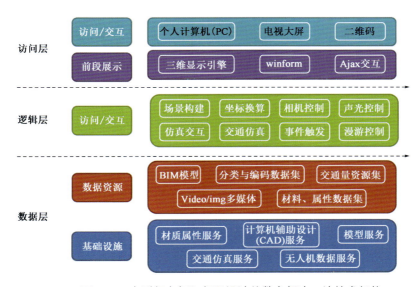

图5-18 大型复杂枢纽保通设计的数字解决工法技术架构

昔榆公司将该工法运用于昔阳枢纽的保通设计中。依托项目施工期间的既有道路,该工法通过涉路施工交通组织方案平台对初步方案进行预建造模拟,导改节点由12次减少到4次,方案调整时间由1周减少到1h,完成设计时间缩短1倍以上,成果文件的形成时间由1个月左右大幅缩减至1周,方案修改成果输出可缩减至1h以内。此外,涉路施工交通组织方案平台提供了可视化虚拟场景,使方案汇报、验收和技术交底等更为直观,最大程度上减少了施工对既有道路交通的影响,同时增强了建设安全性,简化了交通管制协调难度。

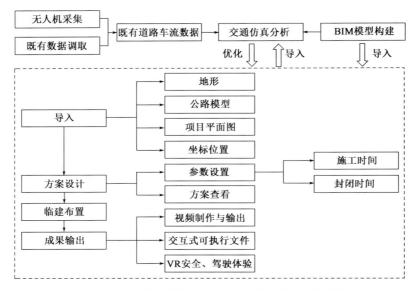

图 5-19 大型复杂枢纽保通设计的数字解决工法流程

此外,本工法的工艺创新部分核心内容荣获中国公路学会第三届全国公路微创新大赛金奖。

二 路基工程基底管桩施工工法

路基工程基底管桩施工工法适用于地基土成分复杂的软土路基处理工程,解决了山西晋中软土层地区修建公路存在的稳定性较差、不均匀沉降大的问题,克服了传统换填法、注浆法在软土问题上的适用范围限制的困难,保证了道路使用质量。

首先,对原地表30cm厚的松土进行清除,基底采用强夯(400kN·m)处理,使得压实度不小于91%。之后,顶面设置50cm厚的4%水泥土垫层,采用超载预压方式,使地基充分固结沉降。在桩基施工期间,通过控制日压桩数量、合理安排压桩顺序、重视管桩的接头连接、钻孔取土等,对饱和软土层进行固结,改善其性能,保证压桩机行走移位,同时减弱挤土效应,防止大量出现工程桩偏位及倾斜,甚至断桩。管桩沉桩以桩机自重及桩架上的配重作反力,利用静压桩机的液压系统,使预应力管桩在静力作用下以平稳的沉桩速度,垂直、完整下沉至设计高程,达到设计的控制要求。锤击沉桩法工艺流程及锤击预应力管桩施工工艺流程如图5-20、图5-21所示。

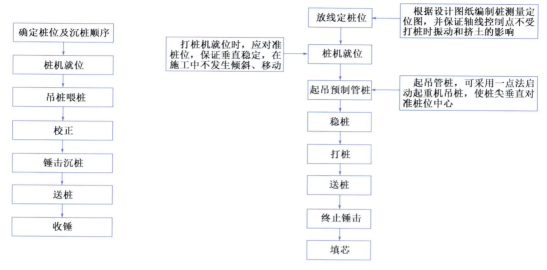

图 5-20 锤击沉桩法工艺流程

图 5-21 锤击预应力管桩施工工艺流程

昔榆公司将该工法应用于预制桩实体工程施工中,如图 5-22 所示。为保证路基不发生不均匀沉降,将原有腐化土层进行清除,基底采用强夯(400kN·m)处理,使得压实度不小于91%,顶面设置 50cm 厚的 4% 水泥土垫层,采用超载预压方式,使地基充分固结沉降。在人员方面,采用该工法可大幅减少现场施工人员数量,降低安全风险。在成桩质量方面,传统的钢管桩振动锤打过程中,焊接接长处经常崩裂、桩头弯曲变形,成桩的合格率偏低,平均合格率仅为 65.3%,而采用本工法后,合格率大于 95%,大幅提高施工质量。

图 5-22 昔榆高速公路预制桩实体工程施工

三 砂岩弃渣为混合料的粉碎性黄土路基施工工法

砂岩弃渣为混合料的粉碎性黄土路基施工工法适用于弃渣砂岩,可以应用于二级以上公路的路堤、路床填筑以及其他公路的路堤、路床填筑、路面底基层填筑,解决了公路工程建设严重缺乏砂、石、土等填料资源,弃渣占用大量土地的问题。

经过集中厂拌和、摊铺机摊铺,根据不同碾压机具组合与碾压遍数试验,最终确定了静压—低速强振—中速弱振—静压的碾压工艺,碾压完成后铺筑土工布洒水养生或者覆薄膜养生。为防止重型车辆对早期基层、底基层强度的破坏,施工应封闭交通,直至铺筑上层路面。该工法施工工艺流程如图5-23所示。

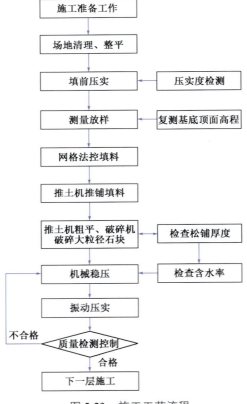

图5-23 施工工艺流程

昔榆公司将该工法应用于寿阳、榆次界工程的路基施工中,如图5-24所示。该工法降低了外借土石方数量,节约了工程造价;缩短工期20余天,节省人工约25%;使用该工法建成的路基强度高、稳定性好,保证了该区域高等级公路建设质量,提高了路面结构使用寿命;同时,减少了废弃砂岩对土地资源的占用,保护了环境。

图 5-24　自加工砂岩碎石应用于路面基层

四 预制梁智慧移动台座施工工法

预制梁智慧移动台座施工工法适用于标准化梁预制施工，改变了传统预制梁场采用钢筋混凝土上覆钢板作为固定底座，制梁时工人在侧模模板及不同台座间移动施工作业的方式，有效解决了制梁周期长、施工质量差、制梁成本高的问题，规范了制梁流程。

移动台座工厂化预制梁流水线施工技术主要流程为：使用室内桁式起重机将腹板钢筋骨架吊运到移动台座上，接着将顶板钢筋安装在钢筋骨架上，通过液压系统合模，浇筑梁体混凝土。当混凝土的强度达到拆模标准后，即可拆除T梁模板。此后，使用移动台座将浇筑好的梁体移至蒸汽养护室中完成蒸汽养护作业，当梁体混凝土强度达到设计的预张拉标准时，使用移动台座将梁体从蒸汽养护室内移出，并将其运送到指定的预张拉施工区域内，进行预应力智能预张拉施工。最后，使用大型门式起重机将梁体吊运至存梁区完成终张拉及注浆施工，将移动台座吊至钢筋绑扎区进行下一梁片的预制施工。预制T梁施工工艺流程如图5-25所示。

昔榆公司将该工法应用于项目部预制场中，如图5-26、图5-27所示。模板改为整体式拆装的液压模板，混凝土台座改为可移动的刚性台座，通过液压系统和行走电机实现模板的就位，模板可在台座间周转使用。移动台座的使用实现了预制梁场的标准化施工，预制区、养护区、张拉区都是固定的，避免了钢筋绑扎、模板拼装、混凝土浇筑、拆模、养护等交叉施工影响。工厂标准化施工，提高了梁体的浇筑质量，且大大缩短了工期。

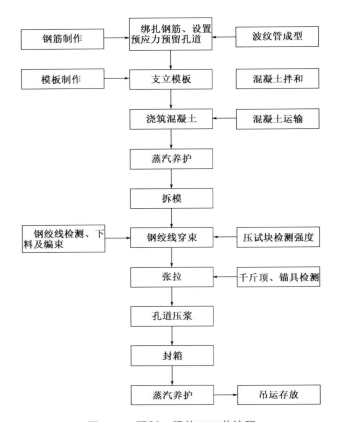

图 5-25　预制 T 梁施工工艺流程

图 5-26　预制梁移动台座

图 5-27　预制梁液压系统

五　预制梁智能蒸汽养护施工工法

预制梁智能蒸汽养护施工工法克服了传统覆盖喷淋养护工艺中养护周期时间长、强度上升慢、蒸汽养护效果欠佳且浪费较多的热量的问题,对环境破坏更小,用水量更少。

将预制梁送入蒸汽养护棚,能够有效减少混凝土表面的热扩散,降低梁体的内外温差值,减小梁体的内约束应力;同时,减缓梁体前期的降温速率,延长散热时间,充分发挥混凝土强度的潜力和材料的松弛特性,并利用混凝土的抗拉强度,提高混凝土承受外约束应力时的抗裂能力,达到防止或控制温度裂缝的目的。采用低压(小于0.07MPa)饱和(湿度90%~95%)蒸汽,通过管道将梁体运至蒸汽养护棚内,棚内充盈饱和的自由汽化水微粒,使得梁体完全浸泡其中。采用恒温养生棚进行蒸汽养护,温度维持在65℃。智能蒸汽养护施工工艺流程如图5-28所示。

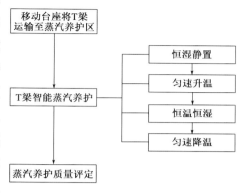

图5-28 智能蒸汽养护施工工艺流程

顶板混凝土终凝后用土工布覆盖并洒水保湿养护,保持混凝土表面湿润。当模板移除后,及时对构件采取蒸汽养护方式进行养护。将梁放置在有饱和蒸汽的密封空间内,在恒温恒湿环境下进行标准养护,以加速混凝土硬化,在较短的时间内达到规定的强度标准,同时提高混凝土早期强度,缩短模板周转周期,加快生产进度。

(1)预养期(静停阶段)。拆除芯外模,对预埋筋等外露部件涂刷水泥浆,架设蒸汽养护棚及通气管道。混凝土蒸汽养护的预养期为0~2h(从混凝土浇筑完成至开始通蒸汽的时间间隔)。梁的浇筑一般在当日温度较低的夜间进行,由于夜间温度最低,混凝土本身的水化热反应较慢,其内部的应力与外部的应力相差不大,出现温度裂缝的可能性较小。

(2)升温期(升温阶段)。预养期后开始向蒸汽养护棚内通入蒸汽升温,升温速度不大于15℃/h,以防混凝土受热急剧膨胀变形开裂。采用低压(小于0.07MPa)饱和(湿度90%~95%)蒸汽,以防混凝土产生裂纹。为了防止高温蒸汽直接喷射到梁体,对梁体造成高温伤害,需要将整个管道固定,出气孔朝外侧,并在出口处安装防护罩。

(3)恒温期(恒温阶段)。升温到65℃后,保持室温,恒温保持20h。其间每0.5h记录一次温度与湿度,确保蒸汽养护棚的温度与湿度的恒定。

(4)降温期(降温阶段)。降温期内要控制降温速度,降温开始4h内,速度不大于5℃/h,其后可按10℃/h降至室温。

(5)蒸汽养护质量评定。蒸汽养护结束后,检测梁体强度是否达到设计及规范要求、梁体是否表面光洁且无气泡及裂缝,以及梁体预埋钢筋等其他外露部件是否均未锈蚀,如果满足以上条件则进入下一环节,如果不满足则视为不合格,需要重新进行养护或采取其他方式加以补救。

昔榆公司将该工法运用于里思河大桥梁板预制、独堆1号桥梁板预制与独堆2号桥梁板预制。预制梁蒸汽养护采用新型模块化卷帘式轻型蒸汽养护棚(图5-29),相对于单层帆布封闭模块,双层帆布封闭模块的设计防风、保温效果更好。在养护环节上,采用高温蒸汽养护系统,利用先进的全天候时钟式不间断继电器,成功实现了梁体养护的不间断,保证在无人控制的情况下系统自动运行,使梁体整体始终保持湿润。该养护系统采用全自动电加热蒸汽发生器,将水转换成水蒸气,用于混凝土养护,效果极佳。混凝土养护时只需一人就能够全天候、全方位、随时性地根据梁体水分蒸发程度进行控制养护,达到被养护的梁体全面湿润到位、确保养护质量的要求。蒸汽养护棚同时配备2台全自动蒸汽锅炉发生器,将蒸汽管口均匀排布在蒸汽养护棚内,使梁整体均能与水蒸气的接触,保证梁的全面养护。

图 5-29　智能蒸汽养护棚和控制系统

六　大跨径桥梁挂篮模板快速就位调整施工工法

大跨径桥梁挂篮模板快速就位调整施工工法适用于连续梁节段不同部位内部截面尺寸下的模板安装,省去了传统架设脚手架和组合混凝土支模的烦琐流程,大大提高了内模安装工效,节约了内模模板及支架搭设材料用量,有效解决了施工难度大、工期紧、要求高的桥梁施工难题。

整体移动式挂篮主要由主桁承重系统、悬吊系统、锚固系统、行走系统、模板系统等部分组成。为避免城市复杂环境下高空作业的风险,挂篮采用在地面拼装完成后再整体吊装的形式,并增加相应的安全操作平台及全封闭式安全防护设施;采用可调节主桁与可调节模板系统配合的方式,满足小半径大坡度的施工要求;优化轨道设计,增加提轨系统,并利用全液压装置完成挂篮在小半径曲线上的行走,在保障质量与安全的前提下,提高施工工效,缩短施工工期,最大限度地节约成本。挂篮悬浇施工工艺流程及内模支架布置图如图 5-30～图 5-32 所示。

图 5-30　挂篮悬浇施工工艺流程

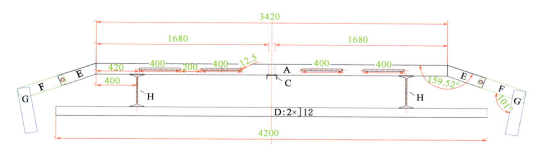

图 5-31　内模支架布置立面图(尺寸单位：mm)

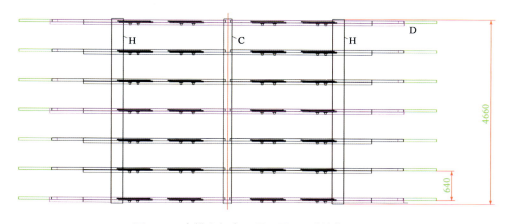

图 5-32　内模支架布置平面图(尺寸单位：mm)

昔榆公司将该工法应用于涂河特大桥施工中。起初挂篮施工节段工期都在 14d 左右,采用连续梁挂篮模板快速就位调整施工工法后,连续梁每个节段施工周期控制在 7d 之内,有效缩短了节段工期。经过建设、设计及监理单位的检查验收,施工质量满足要求,得到了同行业的充分肯定,为公司赢得了良好的社会信誉。

七 桥梁墩台跨越大面积滑坡体施工工法

桥梁墩台跨越大面积滑坡体施工工法有效解决了桥梁墩台施工难度较大、周期长、成本高、占地面积大的问题,加快了工程施工进度。

桥梁桩基采用旋挖钻机方式成孔,导管法灌注水下混凝土。主要施工内容包括旋挖钻机成孔、清孔、检孔、钢筋笼制作及安装、导管下放、水下混凝土浇筑等。墩身采用翻模施工,塔式起重机为升降设备。根据要求,墩身施工采用定型钢模,分节浇筑,材料吊装采用汽车起重机配合塔式起重机的方式。每墩身投入 3 节模板,每节高 2.25m,每两节作为一组一次翻开,即每循环翻升 4.5m。每节翻模由钢模、墩身混凝土支撑体、对拉螺栓等组成,以对拉螺栓作为连接主体。墩身材料、机具垂直运输利用已安装好的塔式起重机,每个塔式起重机同时负责两个墩身的施工作业。墩身翻模示意图、桩基施工工艺流程、墩台施工工艺流程如图 5-33 ~ 图 5-35 所示。

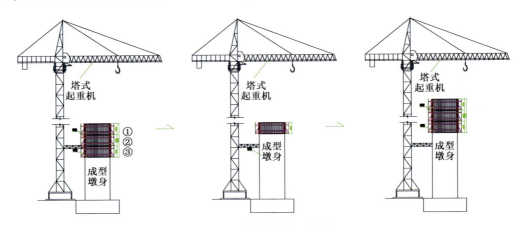

图 5-33　墩身翻模示意图

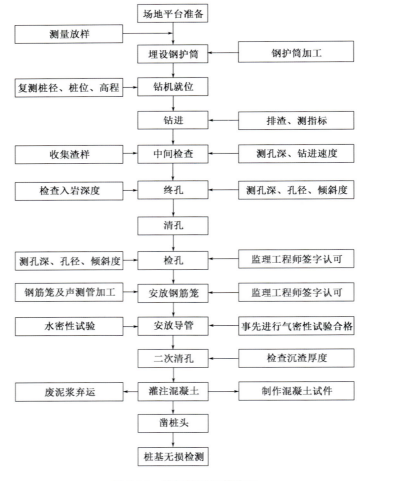

图 5-34　桩基施工工艺流程

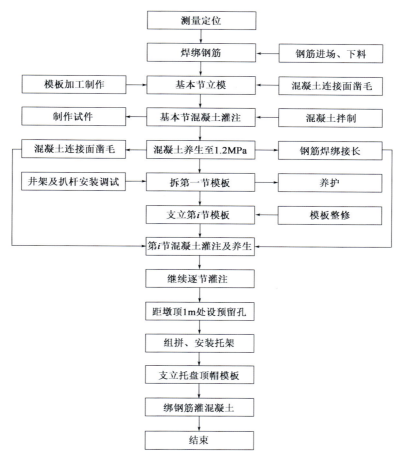

图 5-35　墩台施工工艺流程

昔榆公司将该工法应用于扬子江特大桥的施工中。相比于传统的换土或重新规划路线等方法,该工法保证了滑坡体不出现垮塌及墩台的稳定性,加快了施工进度约20%,具有良好的经济效益。同时,能够将生态环保、水保落到实处,保护当地自然植被,使地表植被的损失降至最低。严格按设计规定的征地范围和数量丈量用地,同时减少了换土运输过程中造成的扬尘以及噪声污染,对于建设公路工程安全文明工地,具有良好的社会效益。

八　隧道斜井转正洞交叉口施工工法

隧道斜井转正洞交叉口施工工法克服了黄土隧道斜井进入正洞采用小导洞法垂直、斜向挑顶施工等传统的施工方法无法满足施工需求的困难,在提高工程质量的同时,保证了施工安全。

本工法对斜井进入正洞挑顶采用"大包法"组织施工，从斜井段逐步扩大断面，在进入正洞之前用台阶法开挖至正洞的高度，形成正洞的开挖轮廓，且台阶开挖高度大于正洞开挖轮廓线，开挖长度也大于正洞开挖轮廓线，施工完成正洞初期支护后分别向大、小里程方向开挖正洞，然后三叉口段一次性挑顶完成，转入正洞施工。根据斜井与正洞设计相交角度及拱顶高差，确定送排风道扩挖起始里程，其拱顶抬高坡度为28%，并对该段斜井加大开挖形成新的结构面，进入正洞范围后其开挖比正洞拱部相应设计高程加大2.5m。施工工序流程、"大包法"斜井转正洞示意图如图5-36、图5-37所示。

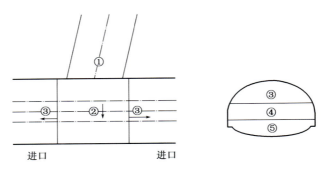

图5-36　施工工序流程图

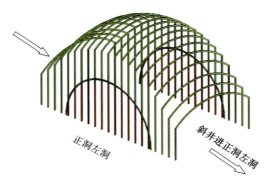

图5-37　"大包法"斜井转正洞示意图

开挖①（送排风道）部后，及时加固；完成①部加固后，进行②部开挖、支护（导洞开挖支护）；完成②（交叉段）部后，开挖③（正洞）部（上台阶开挖支护）；完成③部后，进行④、⑤部开挖（中、下台阶开挖支护）；最后进行仰拱、二次衬砌施工，完成斜井转正洞。

昔榆公司将该工法应用于高峪咀隧道斜井施工中，如图5-38所示。采用机械化作业方式，出渣采用无轨运输，二次衬砌浇筑采用模板台车，开挖总体上要求拱部采用光面爆破，边墙部采用预裂爆破，以最大限度地保护周边岩体的完整性，同时减少超挖量，提高初期支护的承载能力。与传统方法相比，"大包法"提高了施工效率，且有效缩短工期约1/6，降低了施工成本。原先外扩法不断扩大断面轮廓和转向，不利于围岩自身稳定，"大包法"减少了对围岩的扰动，增加了安全性。

图 5-38　高峪咀隧道斜井转正洞三叉口施工现场图

九　水平泥岩地质条件的三臂凿岩台车超欠挖控制施工工法

水平泥岩地质条件的三臂凿岩台车超欠挖控制施工工法适用于公路隧道(双车道隧道、三车道隧道)地质条件为水平泥岩的情况下隧道Ⅱ、Ⅲ级围岩台阶法和全断面法开挖施工,解决了隧道超欠挖现象,减少了人力、机械、财力的巨大消耗,取代了传统的超欠挖手持设备作业,减少了人工记录的失误情况,增强了围岩稳定性,保证了工程质量与工程进度。

该工法根据新奥法施工原理,采用 ZYS113 三臂凿岩台车进行隧道开挖掘进,利用光面爆破一次性开挖作业,尽量减少对周边围岩的扰动。钻孔前按设计和规范要求进行测量放线,绘出开挖断面中线、水平和断面轮廓线,标出炮眼位置,实施钻孔与装药。同时,使用三臂凿岩台车进行超欠挖控制。爆破后必须立即进行安全检查,检查无误后才能出渣。三臂凿岩台车可保证开挖整体成型效果最优、进尺最大化,实现隧道施工光面爆破高效应用。超欠挖控制钻眼图、三臂凿岩台车超欠挖控制施工工艺流程如图 5-39、图 5-40 所示。

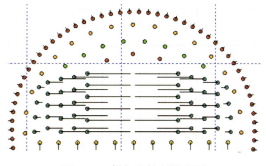

图 5-39　超欠挖控制钻眼图

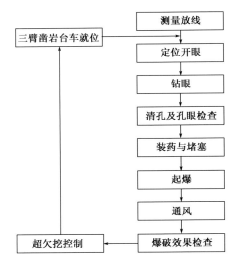

图 5-40　三臂凿岩台车超欠挖控制施工工艺流程

昔榆公司将该工法应用于高峪咀隧道洞身开挖施工中。在特长隧道Ⅲ级围岩的条件下作业,配合人工联合作业方法,减少了周边眼钻孔数量,每循环可减少周边眼 27 个,减少了火工品使用量。各项设计指标得到成功验证,并且可以在较为恶劣的隧道工况下有效控制安全风险,提高施工效率,提升作业质量,减少人工参与度,大大降低施工成本,加快掘进施工进度,同时也达到了良好的光爆效果。SF3a 型衬砌结构设计图及三臂凿岩台车作业图如图 5-41、图 5-42 所示。

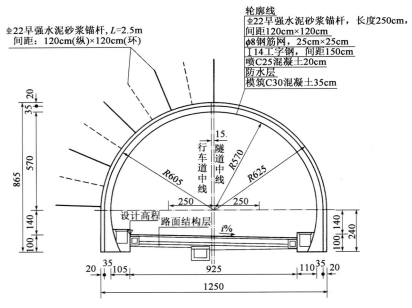

图 5-41　SF3a 型衬砌结构设计图(尺寸单位:cm)

图 5-42　三臂凿岩车作业

第四节　施工技术规范制定

一、公路路基装配式箱涵施工技术规范

传统的公路涵洞现浇法作业影响路堤填筑施工的进度，所需劳动力成本高，施工质量难以保证，公路路基装配式箱涵由此出现。但目前缺乏公路路基装配式箱涵的施工技术规范，因此，昔榆公司开展了黄土地区预制装配式通道、涵洞关键技术研究。项目组通过现场调研、理论分析、数值模拟及现场试验等方法，开展了预制装配式通道、涵洞的结构受力与变形特性、合理模块化、设计计算方法、施工标准化等关键技术研究。

在研究基础上，提出了铰接、企口、平口、现浇、螺栓等不同连接方式的预制装配式盖板涵、箱涵、拱涵的代表性模块划分模式；建立了预制装配式通道、涵洞合理模块化关键指标与评价体系，得到了装配式箱涵、拱涵、盖板涵的推荐模块形式；建立了预制装配式涵洞与涵周填土、地基相互作用模型，系统研究了黄土地区预制装配式通道、涵洞的力学性能；探明了填土高度、填土模量、铰接位置对预制装配式通道、涵洞结构的受力与变形规律及作用机理，并提出了破坏模式；形成了黄土地区预制装配式通道、涵洞结构设计计算方法；构建了黄土地区预制装配式通道、涵洞施工标准化技术体系，提出了施工质量控制指标与标准。

研究结果表明，预制装配式涵洞是一种新型、高效、绿色的混凝土工程建造技术，能够全面提高工程质量、安全和成本的控制水平。基于上述研究成果，昔榆公司开展了山西省地方标准《公路路基装配式箱涵施工技术规范》的编制工作，立项文件如图5-43、图5-44所示。该规范的编制将为山西地区的装配式箱涵建设提供技术依据，可显著提高装配式箱涵的应用水平，在提升高速公路建设工地形象，提高工程质量、安全管理及文明施工水平等方面发挥巨大作用。同时，该规范的编制符合《交通运输标准化"十四五"发展规划》着力推进绿色交通发展有关新技术、新设备、新材料、新工艺标准制修订的政策导向，能够产生显著的经济和社会效益。

山西省市场监督管理局

晋市监函〔2023〕349号

山西省市场监督管理局
关于下达2023年度第五批山西省
地方标准制修订项目计划的通知

一、保证标准质量和水平

二、按时完成标准制定任务

三、其他

附件：1.2023年度第5批山西省地方标准制修订项目计划汇总表
2.2023年度第5批山西省地方标准制修订项目计划信息表

山西省市场监督管理局
2023年10月20日

图5-43　立项通知

附件1

2023年度第5批山西省地方标准制修订项目计划汇总表

序号	项目编号	标准项目名称	制修订	完成时限
45	2023-05113	地质遗迹影响评价规范	制定	2024年9月
46	2023-05114	高速公路运行安全信息智慧化技术规范	制定	2024年9月
47	2023-05115	高速公路结构层病害探地雷达检测技术规程	制定	2024年9月
48	2023-05116	公路采空区治理工程数字化检测技术规程	制定	2024年9月
49	2023-05117	低碳合金钢纳米涂层公路护栏应用技术规范	制定	2024年9月
50	2023-05118	公路机电工程施工监理指南	制定	2024年9月
51	2023-05119	公路工程环境监理指南	制定	2024年9月
52	2023-05120	普通国省干线公路养护工程预算编制指南	制定	2024年9月
53	2023-05121	公路砂岩集料路面基层施工技术规程	制定	2024年9月
54	2023-05122	公路砂岩集料混凝土施工技术规程	制定	2024年9月
55	2023-05123	公路路基装配式箱涵施工技术规范	制定	2024年9月
56	2023-05124	公路钢波纹管涵洞施工技术指南	制定	2024年9月

－7－

图5-44　立项计划汇总

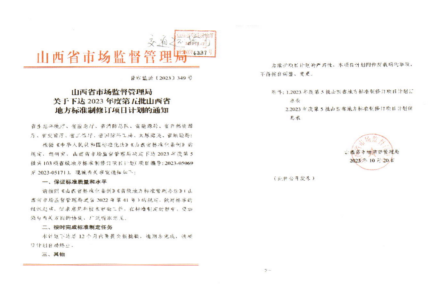

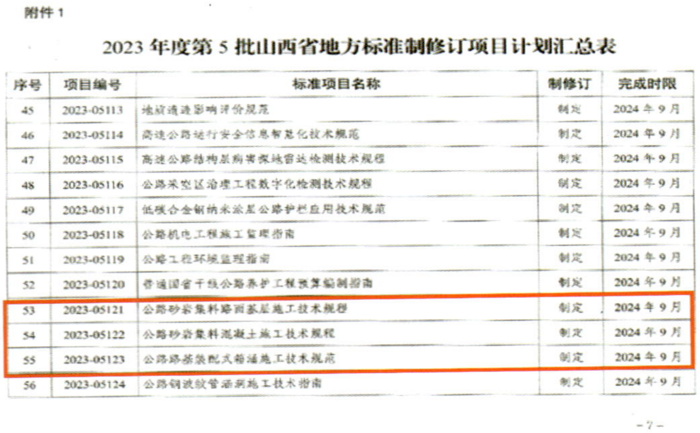

二 公路砂岩集料路面基层施工技术规程

水稳路面基层材料在公路建设过程中用量极大,其主要原材料为砂石集料,但目前受砂石限采和优质砂石资源分布不平衡影响,部分地区难以获得优质砂石料,需远距离调运,导致路面基层施工成本剧增;同时,道路开挖过程中会产生大量弃石,需建设弃石场进行堆存,不仅占用土地、浪费资源,而且增加建设成本。若能就地取材,将弃石加工成集料用于路面基层,对于缓解优质集料供应不足、保障施工进度、降低施工成本具有重要意义,也有利于减少对天然资源的开采,消纳公路废石,保护生态环境。基于此,昔榆公司开展了砂岩类弃渣在公路工程中的资源化利用研究,项目组对山西昔榆高速公路沿线弃石母岩的品质进行调研取样,并制备了用于路面基层的红砂岩粗、细集料,对其化学成分、矿物组成、物理特性与浸水软化性能、抗干缩性能、抗冻性能进行了分析,开展了红砂岩水稳基层混合料的组成设计与性能研究,并依托昔榆高速公路实体工程,开展了红砂岩水稳基层的工程试验研究。

研究结果表明,采用一定的技术手段,砂岩类弃渣完全可以制成砂石集料,优质、安全地应用于低强度等级混凝土中。基于上述研究成果,昔榆公司开展了山西省地方标准《公路砂岩集料路面基层施工技术规程》编制工作,立项计划如图5-43、图5-44所示。该标准的编制,将显著降低高速公路路面基层对天然集料的需求,降低环境负荷,同时还可以提高砂岩类弃渣的利用率。

三 公路砂岩集料混凝土施工技术规程

公路工程建设对砂、石等天然石料需求量大,但供应紧张价格上升,而红砂岩的质量参差不齐,但有用作工程集料的潜质。因此,昔榆公司开展了砂岩类弃渣在公路工程中的资源化利用研究,项目组对山西昔榆高速沿线弃石母岩的品质进行调研取样,优选适宜用作集料的红砂岩,加工制备成红砂岩粗、细集料,并采用与石灰岩对比的方法,分析红砂岩集料基本物理特性与耐久性能,提出红砂岩集料的质控指标与技术要求;开展红砂岩集料低强度等级混凝土的组成设计与性能研究,明确红砂岩在混凝土中的应用范围、配制方法与性能要求;同时,依托昔榆高速公路实体工程,开展了红砂岩混凝土的工程试验研究。

研究结果表明,采用一定的技术手段,砂岩类弃渣完全可以制成集料,优质、安全地应用于低强度等级混凝土中。基于上述研究成果,昔榆公司开展了山西省地方标准《公路砂岩集料混凝土施工技术规程》编制工作。该标准的编制,可以显著降低用于仰拱回填、挡土墙、小型构件等的低强度等级混凝土对天然集料的需求,节约资源,同时还可以促进砂岩类弃渣的综合利用。

第六章
CHAPTER 06

质量管理数字化

第一节 工程质量监管系统

一、工程质量监管系统目标

通过统一门户、统一组织机构、统一人员信息，昔榆公司搭建了工程质量监管系统，将助力以下四个目标的实现。

一是依据各应用子系统实际应用情况，再结合各级单位的管理诉求，完成各应用子系统自身的优化、完善工作。同时，完成各应用子系统与其他应用系统间的业务连通，最终实现各业务环节质量管控数据的互联、互通。

二是通过质量监管系统，实现业务管理规范化，进一步推动各工程项目部所制定的实体工程、场站生产、责任分工质量网格管控体系全面运行，同时也助力各级管理人员加强对进场原材料质量、场站半成品质量、现场生产质量、工程实体质量的管控，以及对各单位质量管理行为的动态管控。

三是通过质量监管系统的应用，充分发挥信息化优势，在打通各业务环节信息互联互通的基础上，以待办推送和风险预警为任务，推动各级管理单位主动开展质量监管工作。

四是通过质量监管系统的应用，确保在工程建设过程中动态采集的各质量管控环节原始生产数据来源的准确与真实，从而为山西路桥集团工程质量大数据的建设、应用提供翔实数据，以适应山西路桥集团提出的"数字化转型""数智建造"新发展要求。

工程质量监管系统业务架构及数据流具体如图 6-1、图 6-2 所示。

图 6-1 工程质量监管系统及各应用子系统业务架构

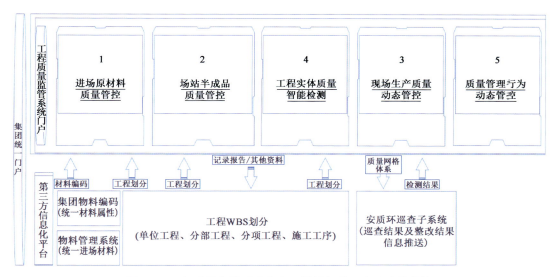

图 6-2　工程质量监管系统业务及数据与第三方系统数据流

二 工程质量监管系统主要内容

（一）三类用户单点登录

新建设的工程质量监管系统要实现与山西路桥集团数字一体化门户各业务应用子系统间的对接集成、无缝登录，同时要结合业务管理的实际需要，全面实现山西路桥集团数字门户与工程质量监管系统之间的互联互通，并实现质量监管系统与各业务应用子系统内外部的互联互通，实现三类用户在工程质量监管系统与山西路桥集团门户、各业务子系统间的单点登录。主要涉及以下三点内容：

一是山西路桥集团集团公司、分子公司、项目公司、项目部在"山西路桥集团数字一体化管理系统"中有账号及钉钉信息的用户，依据各自权限，通过免登录方式快速进入二级工程质量监管系统及与系统相关的三级业务应用子系统，进行具体业务的查询、办理工作；二是监理单位用户依据各自权限，直接进入二级工程质量监管系统，再通过免登录方式快速进入三级相关业务应用子系统，进行具体业务的查询、办理工作；三是独立三级子系统特定用户，依各自权限进入相关子系统进行具体业务的查询、办理工作。

（二）建设工程质量监管系统"1＋5"六类四级业务门户

该系统要完成山西路桥集团集团公司、分子公司、项目公司、项目部四级管理机构的四类"系统综合首页"门户的建设，同时要完成"进场原材料质量管控""场站半成品质量管控""现场生产质量动态管控""工程实体质量智能检测""质量管理行为动态管控"五个业务专项门户的建设。主要包括以下七点内容：

一是质量监管系统门户分为两大类，即涵盖五大业务板块的综合首页和五大业务的专项统计分析页面。用户通过综合首页或专项统计分析页面，均可进入各三级子系统业务办理页面；统计时间默认为当月，统计周期可选，按月（6个月）趋势体现除外。二是集团公司级用户进入各门户后，首先看到的是所有在建项目统计信息，其次通过选择分子公司、项目公司、项目部进行各层级统计信息的钻取。三是分子公司（如山西路桥第一工程有限公司）进入各门户后，首先看到的是隶属在建项目统计信息，其次通过选择项目、项目部进行统计信息的钻取。四是项目公司（如昔榆公司）进入各门户后，首先看到的是直管在建项目统计信息，其次通过选择项目部进行统计信息的钻取。五是项目部进入各自系统后，首先看到的是本项目部具体的业务线、待办任务及超期预警任务，其次通过门户可查看本项目部相关业务数据信息的统计、分析。六是监理单位进入各门户后，直接进入工程质量监管系统进行相关业务操作，子系统特定用户按相对应子系统管理要求进行业务操作即可。七是按业务需要对相关业务子系统增加工作流程，同时需要针对综合首页门户、五大业务专项统计分析页面内容，从质量监管、工程进度控制、统计分析方面实现相关内容的展示。

（三）各三级应用子系统业务功能的建设与优化完善

"进场原材料质量管控"业务专项门户中需优化、完善、接口研发5个业务应用子系统，"场站半成品质量管控"业务专项门户需优化、完善、接口、新增功能研发14个业务应用子系统，"现场生产质量动态管控"业务专项门户需新增研发6个业务应用子系统，"工程实体质量智能检测"业务专项门户需优化、完善、接口、新增功能研发5个业务应用子系统，"质量管理行为动态管控"业务专项门户需新增研发5个业务应用子系统。重点工作内容为以下三点：

一是依据管理及业务需求，进行现有19套三级业务子系统优化、完善的分析、设计、研发、测试工作；二是研发16套三级业务子系统或功能模块，包括混凝土生产施工配合比管理、场站坍落度检测管理、现场收料坍落度检测管理、班组首件工程质量管理、工序报验质量管理、工程实体/场站质量网格管理、现场质量巡查管理（和巡查App质量部分问题的对接）、工作指令在线动态管理、工程第三方检测信息管理、混凝土强度回弹检测管理、钢筋保护层厚度与间距检测管理、质量工作动态管理、年度工作完成情况、专项活动开展情况、分管领导考核情况、监理企业信用评价管理等；三是完成各业务子系统间、业务子系统与工程质量监管系统间、工程质量监管系统与相关业务系统间的数据推送接口设计、研发、测试工作。

工程质量监管系统首页、进场原材料质量管控业务流程、场站半成品质量管控业务流程、工程质量监管系统IT架构设计、工程质量监管系统组织及业务流设计如图6-3~图6-7所示。

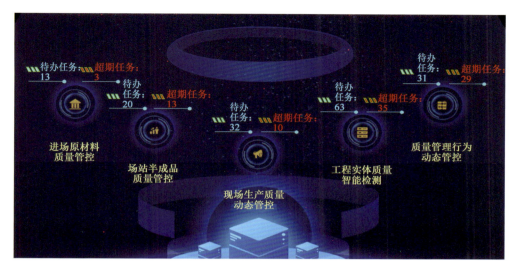

图 6-3　工程质量监管系统首页

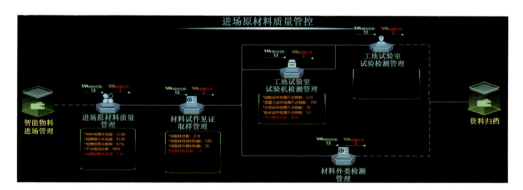

图 6-4　进场原材料质量管控业务流程

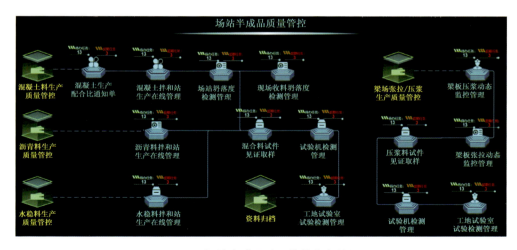

图 6-5　场站半成品质量管控业务流程

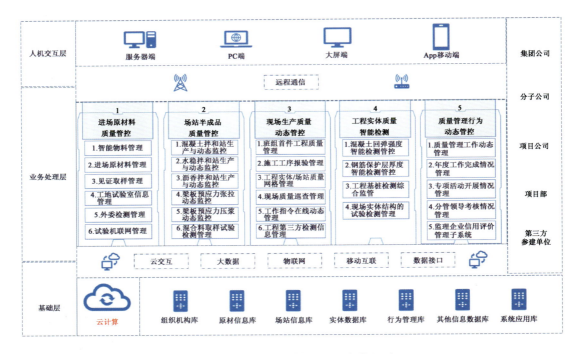

图 6-6　工程质量监管系统 IT 架构设计

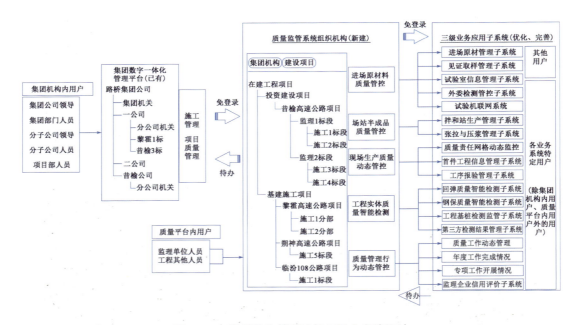

图 6-7　工程质量监管系统组织及业务流设计

三 实施效果

昔榆公司搭建的工程质量监管系统主要有以下三点实施效果：

一是推进工程质量管理扁平化工作落地，质量责任更加明确。工程质量监管系统集成了原材料管控、场站质量管控、现场质量管控、实体质量管控、质量管理行为五大板块，按作业程序定义工程质量监管系统的业务管控主线，同时为各级管理单位及建设单位明确了不同作业环节工程质量的责任体系与责任人，进一步推进了质量管理工作的扁平化。

二是突出建设程序各环节质量管控工作流程化，质量管理更加精细。工程质量监管系统在各建设程序、各业务板块中，按各自业务实际施工作业顺序分别制定并明确了分项施工项目质量管控业务流程分线。因此，让各工程项目各参建单位、各级管理单位均可清晰掌握并了解施工作业每个环节需要做什么工作，有多少待办工作、超期工作以及工作量完成情况，进一步实现对工程项目质量的精细化管理。

三是强调各业务环节质量试验检测手段智能化，质量分析更加真实。随着工程质量监管系统智能化业务数据信息采集的应用，各级管理单位、各参建单位在材料试验环节、场站生产环节、实体检测等作业环节中减少了人为因素对工程质量结果判断的干扰，进一步提高了从过程到结果数据信息的准确性与精确性，在实现生产质量辅助管理的同时，提升了集团公司对投资和基建施工项目的质量管理信息化水平和效率。工程实体质量管控设计整体流程及处理效果如图6-8、图6-9所示。

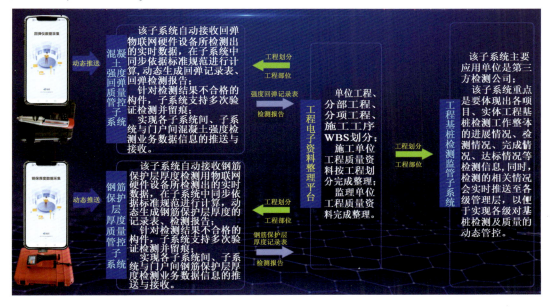

图6-8　工程实体质量管控设计整体流程

图 6-9　工程实体质量管控设计处理效果

第二节　风险防控数字化管理

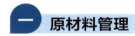

昔榆公司利用原材料信息管理系统对工程建设项目中所用的水泥、钢筋、外加剂等各种原材料以及第三方委托检验材料进行全过程管理，具有检测频率提醒、库存不足预警、自动统计分析等功能。原材料信息管理系统（图6-10）实现了材料进场、见证取样、委托收样、样品检测、材料使用等各环节全过程追踪溯源，加强过程成本控制，保证工程质量。结合二维码技术，原材料信息管理系统实现了材料外委试验检测"盲样"管理，确保了材料质量检测的真实性，为实体工程质量奠定坚实基础。

二　工地试验室管理

昔榆公司利用工地试验室信息管理系统对试验检测记录、报表、台账进行有效管理。工地试验室检测报告是试验室围绕人、机、料、环、法、测等方面运行管理的依据及其痕迹的证明。材料检测结束后，检测报告将在检测报告管理中展示。工地试验室信息管理系统适用于昔榆公司和各参建单位工地试验室,可实现试验数据自动采集、试验结果自动计算及判定、记录报告格式标准化等功能,确保试验数据真实可靠、检测过程规范可控、检测结果实时追溯。

图 6-10　原材料信息管理系统界面

1. 人员管理

工地试验室信息管理系统可实现对工地试验室基本信息、检测人员、仪器设备、标准规范登记管理,并具有设备检定到期提醒与仪器设备二维码管理功能。昔榆公司严格执行"一人一编号""一物一编号"的管理制度,可在检测报告管理中实时检索相关信息。检测人员管理界面如图 6-11 所示。

图 6-11　检测报告管理——检测人员界面

2. 仪器设备管理

仪器设备应实施标识管理，分管理状态标识和使用状态标识，管理状态标识（宽×高尺寸为 100mm×65mm）包括设备名称、编号、生产厂商、型号、操作人员和保管人员信息；使用状态标识分"合格""准用""停用"三种，分别用绿、黄、红三色标签进行标识。设备档案包括设备履历表、出厂合格证、产品说明书、历次检定/校准证书或记录、维修保养记录、使用记录等。仪器设备管理界面如图 6-12 所示。

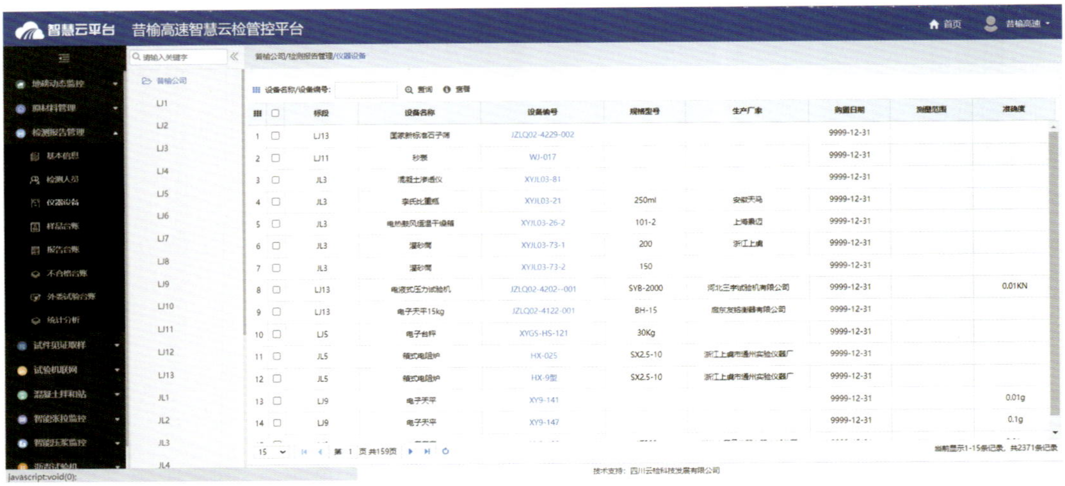

图 6-12　检测报告管理——仪器设备界面

3. 样品管理

工地试验室信息管理系统可实现对工地试验室样品取样、留样、养护试件出入库登记管理，具有试件养护到期提醒功能。工地试验室取样人员去现场完成进场材料样品的取样工作，也可在混凝土拌和站完成混凝土试件的取样。样品取样环节需记录样品名称、规格型号、取样标段、试验室名称、批号编号、试件类型、生产厂家、产地、取样地点、工程部位/用途、取样数量、进场日期、取样日期、取样人、见证人、取样现场照片等信息，样品在流转过程中应标明流转状态。

4. 台账管理

试验检测台账分管理台账和技术台账。管理台账一般包括人员台账、设备台账、标准规范台账等；技术台账一般包括原材料进场台账、样品台账、试验/检测台账、不合格材料台账、外委试验台账等。工地试验室信息管理系统能够自动生成台账，并按流程自动识别样品流转状态、是否留样等信息。样品台账界面如图 6-13 所示。

图 6-13　检测报告管理——样品台账界面

 试验机联网

昔榆公司利用试验机数据智能采集系统对水泥、混凝土和钢筋进行管理,特别是观察关键部位的混凝土强度是否达到设计强度。该系统利用物联网、网络通信等信息化技术,对试验检测过程中的试验设备进行统计分析、自动采集与上传,同时根据试验结果进行数据分析,对不合格数据进行分级报警,分析各种原材料及混合料的质量动态波动等。该系统可用于施工、监理单位工地试验室的主要力学试验设备,包括压力试验机(300kN、2000kN)、万能材料试验机(100kN、300kN、1000kN)、水泥抗折抗压试验机(300kN)、沥青混合料马歇尔稳定度测定仪等。

试验机数据智能采集系统减少了人为错误,提高了工作效率,同时从源头上保证了试验检测数据的真实性、准确性,实现了试验检测工作和实体质量的动态监管。该系统从试验机底层直接读取数据,自动生成检测报告,对不合格数据进行分级报警,实现了试验过程可追溯。试验机数据智能采集系统界面如图6-14所示。

四　试件见证取样

昔榆公司利用试件二维码管理系统对试件进行管理,将二维码设置在施工现场,解决一线工人现场技术交流问题。引入 RFID 技术,试验检测人员可对工程试件进行取样检测,从而判断其是否符合相应的标准。该系统可实现 GPS 定位取样地点、自动记录取样信息(取样时间、取样人员、见证人员等)、实时监控混凝土和钢筋等功能。该系统主要适用于混凝土拌和站和混凝土构件物现场或者桥涵工程。试件二维码管理系统界面如图 6-15 所示，二维码见证取样如图 6-16 所示。

图 6-14　试验机数据智能采集系统界面

图 6-15　试件二维码管理系统界面

图 6-16　二维码见证取样

试件二维码管理系统解决了取样时人员不在工地现场的问题，杜绝了混凝土试件不及时取样、替代养护情况发生，规范了工作人员取样行为，保证了样品的真实性，实现了样品取样时的地理位置影像与试件的可追溯。

五 地磅动态监控

昔榆公司利用地磅动态监控系统对材料数据进行监控。该系统集自动语音指挥、称重图像即时抓拍、防作弊、道闸控制、远程监管系统于一体,可实现计量数据自动采集、毛皮重自动判别、自动指挥、自动处理、自动控制、材料称重数据及影像存储、数据汇总分析等功能。该系统主要应用于施工单位料厂、工地现场成品和半成品材料仓库。地磅动态监控系统界面及数据统计界面如图6-17、图6-18所示。

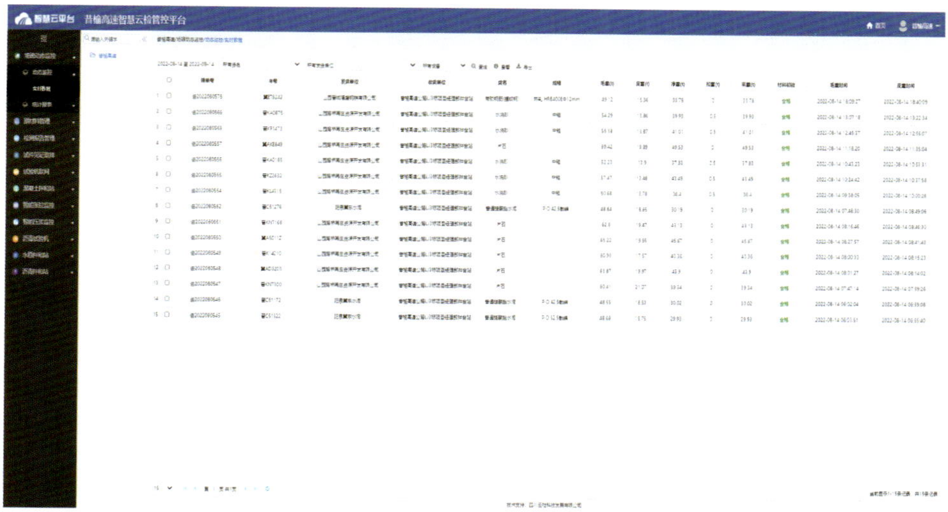

图6-17 地磅动态监控系统界面

图6-18 地磅动态监控——数据统计界面

地磅动态监控系统降低了操作人员的工作强度，减少了人工操作所带来的弊端，提高了系统的信息化、自动化程度，加强了管理上的一致性，缩短了决策者对生产的响应时间，提高了管理效率，降低了运行成本。通过该系统，管理部门能够实时掌控生产及物流状况，财务核算部能得出准确的结算报表，材料部门也能实时明确收、发货物的情况。

六 移动收发系统

昔榆公司利用移动收发系统，结合互联网技术，将施工材料出入场数据库和移动终端相连接，建立一个基于物资材料的管理平台，实现材料信息传输的实时化、存储的云端化。材料管理人员通过手机软件进行线上操作，将出、入场材料信息动态、准确地更新至共享平台，也能够通过线上操作实现对材料及施工班组的调度和查看。移动收发系统登录界面及系统首页如图6-19所示。

图6-19　移动收发系统登录界面及系统首页

移动收发系统建立了"互联网+收发材料信息管理"的系统模式，有效解决了施工材料反馈不及时、数据错漏等问题，彻底消除了材料管理时间与空间上的障碍，使昔榆公司与各施工单位之间的协同工作更加高效、职责更加明确、责任更加可追溯。

七 拌和站管控

昔榆公司利用拌和站生产与动态监控系统对混凝土、沥青、水稳拌和站进行管理。在每个拌和站控制室安装1套智能数据采集终端工控机，终端通过网口与拌和站控制计算机连接，并实时采集拌和站生产数据，数据经终端预处理后通过网络传输至云端数据库。该系统运用质量动态管理的方法,实时采集拌和站生产数据信息,根据预设预警阈值对生产数据进行监测,提醒拌和站生产人员采取必要的措施保证混合料质量。

拌和站生产与动态监控系统实现了对热料仓配合比是否符合试验筛孔通过率、油石比是否符合设计范围、混合料温度是否合格、实时生产级配曲线分析并与目标值比对、每日产量及总产量五个参数的实时监测,使得生产数据以短信、微信、App 消息推送的方式进行预警,便于管理人员及时分析质量问题并对其进行溯源。拌和站生产与动态监控系统结构如图 6-20 所示,超限预警数据显示界面如图 6-21 所示。

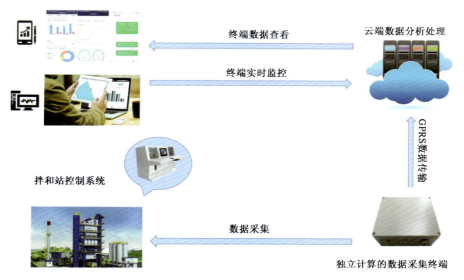

图 6-20　拌和站生产与动态监控系统结构

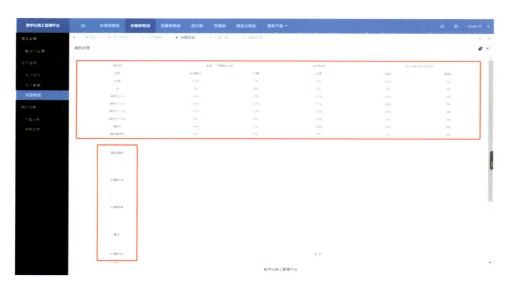

图 6-21　超限预警数据显示界面

八 工序管理系统

昔榆公司利用工序管理系统,以每道关键工序施工完成的阶段性检查工作任务为轴线,依托工序 App 记录施工人员、质检人员、监理人员检测的实时照片与工作场景,落实现场"三检"制度,具体流程如图 6-22 所示。根据施工图,由全线的施工单位将本标段构筑物的部件、路基的施工部位按规则进行拆分和编码,然后将这些编码录入工序 App 中,编码对应部位的各种质检信息统一记录在数据库中。

图 6-22 "三检"制度实施过程

在工序 App 中,管理人员可以查看工序统计量,也可以在 App 中发起工序交验流程,在线填写工序检验表,记录工序状态,形成工序检验记录表。工序 App 首页、统计和检查、工序检验记录表、工序状态查询分别如图 6-23~图 6-26 所示。工程质量监管系统窗口显示的数据来源于工序 App 的记录,总工序是施工图拆分出来的总数量,实际完成的工序是在工程质量监管系统中完成验收的数量,此数据是各个标段日常生产工作中真实数据的汇总。

图 6-23 工序 App 首页

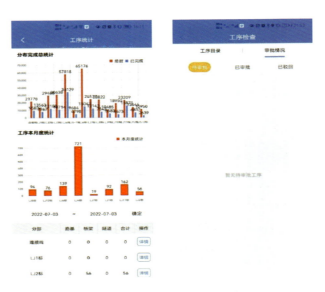

图 6-24 工序统计和工序检查

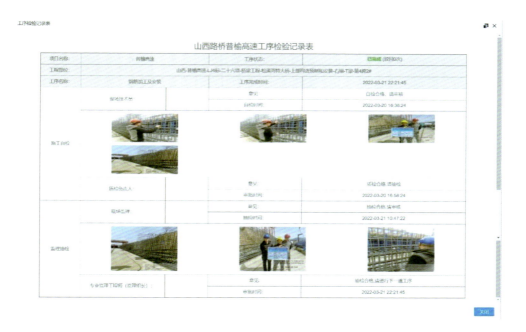

图 6-25　工序检验记录表

图 6-26　工序状态查询

"三检"是指施工班组质量"自检"、现场技术员组织的工序质量"交接检"和专职质检员按照标准规范及合同规定的程序、检查项目、方法、频率进行的分项工程质量"专检"。施工单位项目部在开工前根据确定的单位、分部、分项工程及工序,建立质量"三检"责任体系,将质量"三检"责任明确落实到具体人员,并组织所有责任人进行质量"三检"责任、程序、检测内容、频次、方法、合格标准、记录等方面的交底培训及签认。

昔榆公司记录保存施工劳务人员、施工质检人员、现场监理、现场检验见证自检、抽检的照片，并拍摄检验部位细节照片，利用信息化手段形成工序检验全过程监督机制。通过工序管理系统的应用，督促落实质量责任，保障工序完成质量，从而实现整体工程质量可控。例如，为了加强墩柱竖直度控制及墩柱钢筋保护层合格率提升，从钢筋智能加工、安装、支模等各环节严格执行"三检"制。在加强过程控制的同时，强化工序检验与验收，即100%入模检验并将验收信息及时上传至工序App，发现偏位、偏差较大时及时责令进行调整，大幅提升了墩柱的竖直度及墩柱钢筋保护层合格率，如图6-27所示。

图6-27　墩柱施工工序控制

昔榆公司加强对施工过程关键部位、关键环节、关键工序的质量验收管理，突出隐蔽工程检查验收机制。严格执行报验程序和验收标准，强化按规定施行"三检"制的质量控制程序，落实"不验收、不施工，不合格、不施工，谁签字、谁负责"的管控要求，对工程质量形成过程进行影像记录，确保全过程记录。

九　首件工程认证制

首件工程认证制立足于"预防为主、先导试点、全线推广"的原则，强调以分项工程质量保分部工程质量，以分部工程质量保单位工程质量，以单位工程质量保总体工程质量。为加强昔榆高速公路建设工程质量管理，昔榆公司建立首件工程管理信息系统，以首件工程认证为切入点，将首件工程实施过程、首件工程清单认证范围和首件工程认证分类通过系统管理，抓住首件工程的各项质量指标进行综合评价，确定最佳工艺，建立样板工程，用以指导工程实施，并及时预防和纠正施工中可能产生的质量问题，从而形成管理标准、坚守底线、恪守红线、示范引领的样板品质工程，减少质量通病，消除重大质量问题和质量隐患，促使现场管理标准有序，工程质量达到优良标准。例如，墩柱混凝土结构施工实行双件制，正式施工前严格进行试验柱的施工，如图6-28所示。

图6-28 混凝土结构施工双件制

1. 首件工程实施过程

开工前,施工项目部质检负责人按照施工方案及技术交底的内容分别对参与首件工程的人员、材料、机械设备、施工环境等逐一确认,满足要求并报监理工程师审查批准后方可开工。使用特种设备的首件工程必须经专职安全员检查、验证合格后才能开工,并全程监控。首件工程实施过程中,要对实施的全过程进行记录,特别要注意记录在实施过程中的具体操作程序,同时还要记录有无特殊问题、异常情况的出现,以及采取何种措施加以解决。对首件工程施工过程中发现的施工方案不妥之处,以及施工过程发生的问题、人员到位情况、材料使用情况等,需及时研究、改进,确定合适的施工方法,并记录现场改进的过程,同时在首件工程实施过程中做好施工记录,为验收、总结提供依据。

2. 首件工程认证范围

昔榆公司将首件工程认证制贯穿施工全过程,具体认证范围见表6-1。首件工程实施前按照《昔榆高速公路首件工程清单认证范围》要求将总监办审批的《首件工程认证计划清单》报昔榆公司质量监督部备案。

昔榆高速公路首件工程清单认证范围　　　　表6-1

序号	工程名称	首件工程名称
1	路基工程	基底强夯*、重夯、冲击碾压,路基土石方填筑*、路床处理,土工合成材料处治层等
2	涵洞通道工程	钢筋加工及安装,涵台、涵洞墙身*,管座及涵管安装,盖板预制及安装,管座及波纹管安装,箱涵浇筑*,拱涵浇筑,附属工程,盖板涵、波纹管涵及通道的台背回填*
3	排水防护工程	排水沟*,盲沟,挡土墙*,框架锚杆+生态植草防护*,主动防护网,拱形骨架*,墙背填土

续上表

序号	工程名称	首件工程名称
4	桥梁工程	钢筋加工及安装,桩基,混凝土扩大基础,承台,混凝土墩*,梁板预制*,现浇梁*,悬臂梁*,预应力筋的加工和张拉,管道压浆,支座安装,桥面铺装*,防撞墙*,伸缩缝*
5	隧道工程	洞口边仰坡防护,洞门和翼墙浇筑,截水沟,洞口排水沟,明洞浇筑,防水层*,回填,喷射混凝土*,锚杆,钢筋网,钢架*,仰拱*,仰拱回填*,衬砌钢筋、混凝土*,超前锚杆,超前小导管,管棚*,路面
6	路面工程	底基层*,基层*,面层*,边沟*,路缘(边)石,路肩
7	交安工程	波形护栏,标志,标线

注:首件工程名称一栏中标注*部分项目为全线推广项目。

3. 首件工程认证分类

(1) 昔榆高速公路全线范围内的首件工程认证。

对于具有全线代表性的首件工程项目(即带*的分项工程),总监办组织项目部进行技术、质量、安全、环保等方面的交底。项目部制定详细的施工方案,并将申请资料报送总监办审核,总监办审核后上报昔榆公司质量监督部审批,施工单位根据最终的审批方案进行交底。首件工程完成后,由专职质检员验收合格后上报监理工程师,经检查验收符合设计要求、施工规范及昔榆公司品质工程要求后,方可申请认证。具备认证条件后,由项目部编写首件工程施工总结及作业指导书,将认证资料及审批表报送总监办审查,最终由昔榆公司质量监督部进行认证审批。

(2) 总监办范围内的首件工程认证。

首件工程施工过程中,总监办负责对首件工程形成过程中的每一环节,从施工工艺、施工管理、质量标准、安全措施等方面进行严格控制。具备认证条件的首件工程由项目部编写首件工程施工总结及作业指导书,将认证资料及审批表报总监办审批,总监办在24h内对该项工程作出评价。首件工程认证审批完成后,将该首件工程作业指导书下发至施工单位,以此指导总监办范围内同类项工程的施工作业。

(3) 施工作业班组的首件工程认证。

各项目部在首件工程认证的同时,对于同类项工程施工的其他班组和后续进场的班组,必须通过首件工程的实施来认证各班组的施工水平是否满足要求。通过首件工程认证的施工班组,未经其他认证,不得从事首件工程范围以外的作业任务。各施工班组所进行的首件工程由总监办按照相关程序进行认证,认证审批表见表6-2。总监办监督各班组首件工程实施方案的落实,对入场的各班组进行严格把关、考核、评价。

昔榆高速公路首件工程认证审批表（班组） 表 6-2

施工项目部： 合同段号：
监 理 部： 编　　号：

工程名称		分(部)项	
班组名称		桩号位置	

认证内容：
附件：
（一）××首件产品施工总结。
（二）××首件产品作业指导书；
（三）××首件产品施工自检资料及评定。
（四）××首件产品抽检资料及评定。
（五）××首件产品影像资料。

申报人： 日期： 年　月　日

驻地监理工程师意见：

签字： 日期： 年　月　日

总监理工程师意见：

签字： 日期： 年　月　日

第三节　管控保障数字化管理

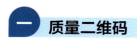

一、质量二维码

　　昔榆公司加强调研、信息需求采集和技术研发，为昔榆高速公路项目提供专业的二维码管理系统，将桥梁、涵洞、隧道等构筑物通过二维码形式进行采集汇总应用，让二维码信息从施工期转至运营期,实现施工期的信息搜集和汇总、运营期的信息调用和查阅。施工期间,在质量巡检、产品出厂认证、技术交底及"三检"制上均采用了二维码形式,借助信息化手段,项目质量管控水平得到明显提高。

质量巡检二维码是一种数字化巡检管理方式,管理人员在设备上张贴二维码后,需要定期派遣专人对设备进行巡检,并且在巡检时通过移动设备扫描二维码,进入填报系统,填写相关检查内容。检查内容可以包括设备外观、安全保护装置、传动系统、控制系统、电气系统等各个方面的信息,以便发现设备存在的问题、缺陷或隐患。检查过程中,如果发现问题,质检员只需拍照、扫码,将照片和问题上传并转发给班组负责人,就能督促班组及时按照规范要求进行整改,有利于问题整改的跟踪和追溯。

项目安全交底及技术交底时所形成的二维码的主要作用是对作业人员进场前进行相关的安全教育培训,以保障人员安全和施工质量。借助二维码的信息收集技术,方便对入场教育人员安全教育培训和安全技术交底的归档和管理,包括三级教育记录、参训人员名单和学习情况等,方便管理人员对人员培训的情况进行跟进、统计和反馈,提高管理效率和安全性;相关人员入场登记后,由分包管理人员组织前往安全教育室,然后通知项目部进行入场安全教育及技术交底,个人教育档案按照入场登记人员台账编号进行编号,并按编号大小进行归档,方便查找核对。

借助二维码技术,可以更好地管理采集到的施工数据,有效实现施工项目施工构件联网、人员管理、安全监测、质量验收等,为现代化施工管理技术提供技术保障,也为高速公路工程建设管理开辟了新的管理模式,为实现智慧工地、数字化管理奠定基础。同时,系统后台也可实时查看整改情况,大大提升工作效率。

 质量问题整改清单

昔榆公司对施工现场进行质量巡查,及时发现问题并要求整改,而传统的整改方式效率较低,仅限于一份整改通知单或者口头的整改方案,时效性差,约束性低,监管力度偏弱。为此,昔榆公司开发施工现场质量巡查模块,可以查看施工现场的质量问题,同时形成质量周报,便于查看和管理。通过智能手机 App 端定位现场施工位置,并对此进行监控巡查,将发现的质量问题传到 Web 端,从而实现对整改的有效监督。

项目实施过程中,昔榆公司建立工程检查制度,采取日常巡查、质量月检查、专项检查、质量"回头看"、综合大检查等相结合的方式,对工程质量进行检查。通过建立项目质量巡检制,实行质量现场巡查和动态分级监管,明确各级管理层领导及管理人员现场巡查频率、重点、标准等内容。质量巡检制如图 6-29 所示。通过对项目质量巡查问题、巡查次数、问题整改及领导带班情况等数据的自动统计、分析与评价,进一步规范各管理层级质量管控行为。

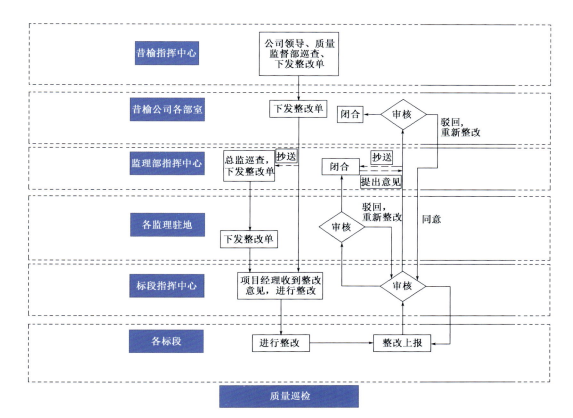

图 6-29 质量巡检制

为加强项目质量管理,项目管理人员在日常巡查中发现工地出现的质量问题和缺陷,需要通过信息化手段督促相关责任人进行整改或返工处理,使得发现问题到整改完成形成闭合管理。通过质量巡查,在质量管控系统内形成质量巡查记录(图6-30),并对巡查中发现的质量问题和缺陷下发整改通知单(图6-31),限时进行整改或返工处理,形成质量整改清单(图6-32)。

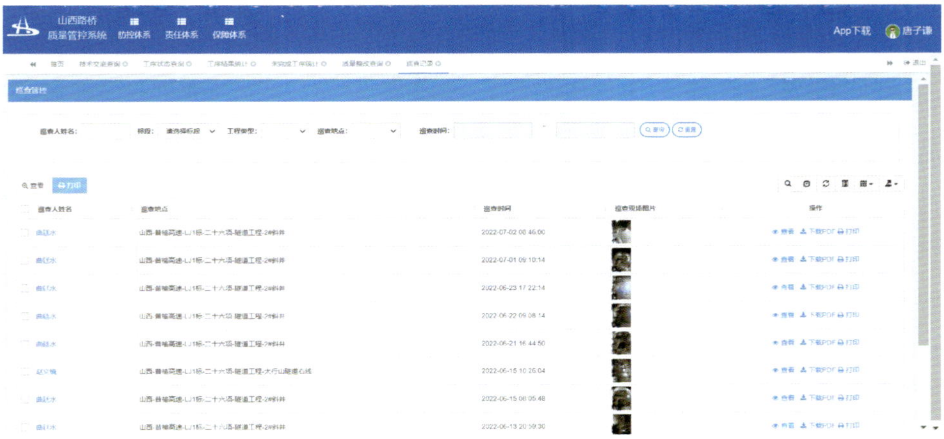

图 6-30 质量巡查记录

图 6-31　整改通知单

图 6-32　质量整改清单

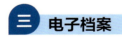

昔榆公司根据山西省交通运输厅电子文件归档和电子档案管理试点任务的要求，确定将质量检验及质检程序文件作为试点工作核心。为满足昔榆高速公路建设和管理需要，项目引入质检资料电子系统，并选择路基路面等附属工程对电子文件归档和电子档案管理展开积极探索。质检资料电子系统经过需求确认、功能调整、软件测试等环节，于 2021 年 8 月部署上线，同步组织系统实操培训工作。质检资料填报采用线上方式，并采用电子签章完成资料审批

与流转,同时明确各参建单位和对应人员的权责,督导各参建单位履行电子档案试点任务。

于昔榆公司而言,该系统通过现场实时录入采集的数据,运用数字证书与电子签章等技术,建立统一的表格体系、工序用表、签转流程、填写要求、工程结构分解等标准化管理体系,保证了电子档案的不可抵赖性,并具有凭证价值;由传统的事后管控模式变为过程控制,随时监管资料进度与质量情况,确保满足"三同步"管理要求;为项目进度管理、费用管理提供文件和数据支撑,为建设单位提供数据化资产,未来,借助电子档案大数据,可建立病害分析模型,用以指导后续工作。

对参建单位而言,则有利于其岗位职责的划分,系统操作便捷,审批流程均实现系统线上完成,极大节省管理时间成本;内置划分模板,具有与规范数据自动对比、数据自动引用等功能,极大降低内业资料编制工作量及难度;数据引用方面,从工序检验资料中自动抽取评定所需数据,实现相关数据一数一源,极大减少资料编制工作量。

此外,昔榆公司竭力深入推进电子文件归档和电子档案管理探索,完善质检资料电子系统与电子档案管理系统对接,实现电子文件归档和电子档案管理流程规范。此项项目档案管理技术,使项目文件整理和归档变得更加便捷,电子档案更易于存储、保管和使用,减轻资料员和档案人员劳动强度,有效降低管理成本。

通过质检资料电子系统与电子档案管理系统的有效对接,归档责任主体可通过预设的分类体系和组卷规则,实现一键归档,便于整理人员对预归档库的案卷顺序进行调整,提升项目档案整理质量;同时也实现了电子文件归档和电子档案管理,可节省大量的管理资源,项目文件整理、归档、保管、使用等更加便捷,极大提高工作效率,降低人员设施及资金投入,提高资金利用效率;此外,电子档案管理系统的应用,克服了传统档案受时间和空间的限制,利用方式传统、单一的问题也突破了时间和空间的限制,扩大了查看权限范围内的档案信息,便于设置关键词实现自动检索。

四 质量通病清单及防控措施

为有效预防质量通病,提高高速公路施工管理水平,昔榆公司建成了质量通病工程管理信息系统。借助手机终端,可以随时查阅相关信息,并生成二维码,用于质量通病防治交底。昔榆公司紧紧围绕建设平安百年品质工程,创新性提出"一体两翼三支撑、五化四转六见效"质量管理思路,以"路基100年不大修、路面15年不小修、沿线设施20年不落后、桥梁50年免维护"为内在质量目标,以立足于规范化管理、标准化施工、样板化引领为抓手,牢牢抓住施工工序流程化、施工工艺标准化建设基线,把粗活做细、把细活做精,建标准段、造标准件,将工程质量形象化、样板化,发挥示范引领作用。

(一) 消除路基不均匀沉降

昔榆高速公路路基不均匀沉降的消除通过优化设计+精细化施工实现。路基填筑深沟高填地段时,强夯整平碾压后铺设首层土工格室,之后每填筑5m铺设一层土工格室,填土采用进占法施工,避免对土工格室造成损坏。路基强夯、铺设土工格室、路基填筑如图6-33~图6-35所示。具体填筑要求为:路堤高度H满足$4m<H<6m$时,在路床底面强夯一次;路堤高度满足$6m\leqslant H<10m$时,在路床底面强夯一次,在$H/2$填高处强夯一次;路堤高度满足$H\geqslant 10m$时,每填高4m在路床底面强夯一次。

图6-33 路基强夯

图6-34 铺设土工格室

图6-35 路基填筑

(二) 消除台背沉陷、跳车隐患

昔榆高速公路台背沉陷、跳车隐患的消除通过优化设计+标准化、精细化施工实现。土质段落路基台背回填采用4%水泥土,每填高0.8m进行液压夯实机全断面补强,加强台背填筑压实质量,杜绝台背沉陷、桥头跳车等质量通病。台阶开挖、边角碾压、压实度检测及液压夯夯实如图6-36~图6-39所示。

图 6-36　台阶开挖

图 6-37　边角碾压

图 6-38　压实度检测

图 6-39　液压夯夯实

(三) 消除桥面裂缝、水害病害

昔榆高速公路桥面裂缝、水害病害的消除通过优化设计+标准化、精细化施工实现。本项目桥隧比高,因此桥梁工程施工质量是管控重点。昔榆公司在设计、施工中始终以全面消除各项质量通病为目标,桥面铺装钢筋网片时,采用双支撑钢筋+菱形高程控制线控制钢筋网片定位,桥面铺装混凝土掺玄武岩纤维并采用三维激光摊铺机进行摊铺,有效提高混凝土的抗裂性和耐久性。钢筋网定位、玄武岩纤维、三维激光摊铺机铺筑混凝土如图6-40~图6-42所示。

图 6-40　钢筋网定位

图 6-41　玄武岩纤维

图 6-42　三维激光摊铺机铺筑混凝土

桥面铺装铣刨采用精铣刨,桥面防水层采用"改性沥青砂+防水黏结层"双层防水,黏结层采用 SBS 改性热沥青+沥青预拌碎石工艺,桥面面层采用 AC-13、SMA-13 两种结构,有效避免桥面唧浆、坑槽病害的发生,提高桥面平整度及防水性能,延长桥面使用寿命。桥面精铣刨、同步碎石封层、桥面面层如图 6-43～图 6-45 所示。

图 6-43　桥面精铣刨

图 6-44　同步碎石封层　　　　　　　　图 6-45　桥面面层

(四)消除隧道渗水质量隐患

昔榆高速公路隧道渗水质量隐患的消除通过优化设计+标准化、精细化施工实现。本项目的3座特长隧道均为有水隧道,隧道防排水质量控制是重中之重。采用智能防水板纵向分段、整幅铺挂的方式铺挂防水板,确保防水板安装质量;边墙衬砌钢筋采用套管保护+挤压套筒连接方式,有效避免钢筋焊接损伤防水板;止水带采用中埋+背贴式止水带,确保衬砌接缝防水质量。激光热熔垫片定位图、激光热熔垫片定位、止水带、二次衬砌钢筋套管保护如图6-46~图6-49所示。

图6-46 激光热熔垫片定位图

图6-47 激光热熔垫片定位

图6-48 止水带

图6-49 二次衬砌钢筋套管保护

(五)外观气泡、色差等质量通病

昔榆高速公路外观气泡、色差等质量通病的消除通过标准化、精细化施工实现。在混凝土外观质量控制方面,昔榆公司开展了混凝土外观质量提升专项活动,从原材料、模板、工艺、验收等方面进行严格管控,施工过程中定期邀请知名专家对外观质量问题进行现场技术指导。通过管理提升与技术突破,有效预防混凝土气泡、色差、错台等外观缺陷,取得了较好的成果,并总结了一套可复制推广的技术经验。预制T梁外观、防撞墙外观、隧道二次衬砌如图6-50~图6-52所示。

图 6-50　预制 T 梁外观

图 6-51　防撞墙外观　　　　　　　　图 6-52　隧道二次衬砌

第七章
CHAPTER 07

安全管理数字化

第一节 安全风险管理体系

一 安全风险分级管控

(一)风险分级管控要求

昔榆公司编制总体风险评估报告,各参建单位编制专项风险评估报告,明确全线高风险部位区段,建立风险分级管控清单,明确风险等级,制定专项管控措施,并指定管控责任人。对于评估达到重大风险的工程和危险性较大工程,施工单位应编制专项施工方案,方案中应结合专项施工安全风险评估结论及风险控制措施,制定安全措施。

(二)风险分级管控清单编制

昔榆公司主要依据《公路工程施工安全风险辨控手册》建立风险辨控库,以施工作业工序为主线,针对各工序作业特征,列出主要风险因素、风险等级和可能造成的后果,对全线危险源进行系统性辨识,进而制定风险防控措施。在施工过程中,根据施工特点、工序、技术、环境变化等,定期开展安全风险评估和危害辨识,动态更新,并依据风险类别和等级建立安全风险清单,落实风险防控措施。昔榆公司风险标准库界面、风险辨识与评估界面如图 7-1、图 7-2 所示。

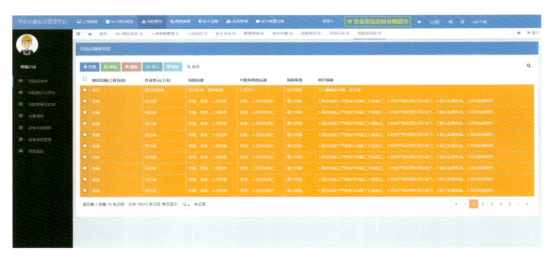

图 7-1 风险标准库界面

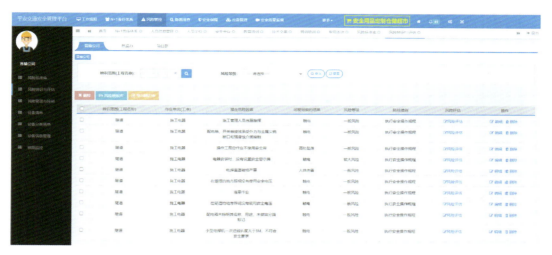

图 7-2　风险辨识与评估界面

(三) 风险告知

昔榆公司所属项目部针对深基坑、跨线桥、高边坡、隧道等工程编制专项施工方案,在拌和站、预制场、钢筋加工场、隧道出入口等重点区域设置风险告知栏,实行安全风险告知制度,作业前向施工作业人员告知作业风险,重大风险场所设置警示标志。施工单位建立项目安全技术交底制度,各分部分项工程开工前进行班前讲话,开展技术交底及风险告知,明确交底责任人、对象、方法、内容,做到逐级交底,技术交底情况同步上传至平安交通安全管理系统。班前讲话及昔榆公司技术交底界面如图 7-3、图 7-4 所示。

图 7-3　班前讲话

风险告知不仅能够有效处理一线工人安全意识薄弱的问题,还使得每个作业人员、技术人员、安全管理人员达到"四个"清楚,即任务清楚、危险点清楚、作业程序清楚、安全措施清楚。因履职不到位、责任落实不到位等触碰安全生产红线的单位及个人,依据昔榆公司红线管理相关规定,启动调查处理程序,严肃追究有关单位和人员责任,确保昔榆高速公路安全形势整体稳定。红线管理相关制度、六十条禁令通知文件如图 7-5、图 7-6 所示。

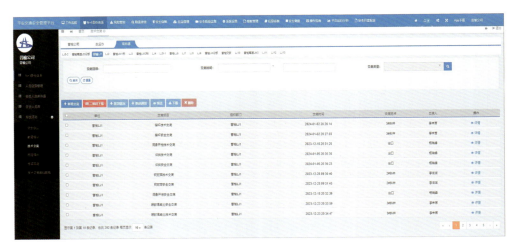

图 7-4　技术交底界面

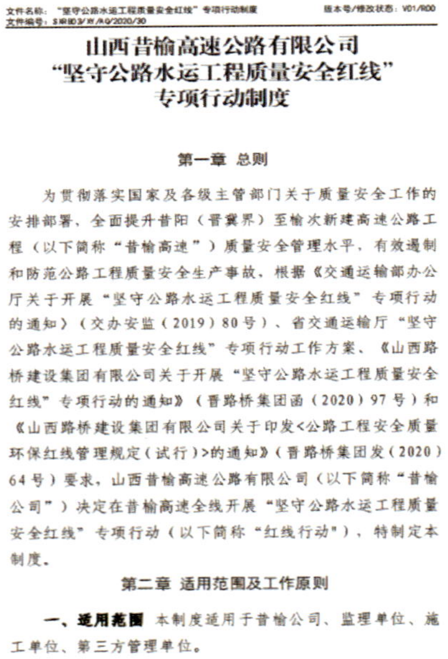

文件名称：“坚守公路水运工程质量安全红线”专项行动制度　　版本号/修改状态：V01/R00
文件编号：[illegible]

山西昔榆高速公路有限公司
“坚守公路水运工程质量安全红线”
专项行动制度

第一章　总则

为贯彻落实国家及各级主管部门关于质量安全工作的安排部署、全面提升昔阳（晋冀界）至榆次新建高速公路工程（以下简称“昔榆高速”）质量安全管理水平，有效遏制和防范公路工程质量安全生产事故，根据《交通运输部办公厅关于开展“坚守公路水运工程质量安全红线”专项行动的通知》（交办安监〔2019〕80号）、省交通运输厅“坚守公路水运工程质量安全红线”专项行动工作方案、《山西路桥建设集团有限公司关于开展“坚守公路水运工程质量安全红线”专项行动的通知》（晋路桥集团函〔2020〕97号）和《山西路桥建设集团有限公司关于印发<公路工程安全质量环保红线管理规定（试行）>的通知》（晋路桥集团发〔2020〕64号）要求，山西昔榆高速公路有限公司（以下简称“昔榆公司”）决定在昔榆高速全线开展“坚守公路水运工程质量安全红线”专项行动（以下简称“红线行动”），特制定本制度。

第二章　适用范围及工作原则

一、适用范围　本制度适用于昔榆公司、监理单位、施工单位、第三方管理单位。

图 7-5　红线管理相关制度

山西昔榆高速公路有限公司

晋路桥昔榆公司函〔2022〕179 号

山西昔榆高速公路有限公司
关于转发《山西路桥建设集团有限公司关于全面施行建设项目施工现场六十条禁令的通知》的通知

公司各部室、各督导组、各参建单位：

现将山西路桥建设集团有限公司《关于全面施行建设项目施工现场六十条禁令的通知》（晋路桥集团发〔2022〕129 号）文件转发给你们，请各单位高度重视，强化施工安全工作的组织领导，加强安全生产管理，落实各项安全措施，规范施工现场作业行为，认真组织本单位全体员工学习好、领会好、宣传好集团施工现场六十条禁令，真正吃透文件、准确理解、精准运用，提升企业安全管理水平，确保昔榆高速安全生产形势稳定。现将有关工作通知如下：

一、强化责任落实

各参建单位要坚持问题导向，聚焦施工现场安全管理工作中屡改屡犯、屡禁不止的痼疾、顽疾，科学制定实施方案，立即开展自查自纠，不折不扣逐条狠抓集团施工现场六十条禁令落实，扎实推动解决现场作业实际问题。各施工项目部要始终把防控重大风险、遏制事故作为重点工作，通过落实集团施工现场六十条禁令，规范施工现场作业行为，建立分级监管机制、严格

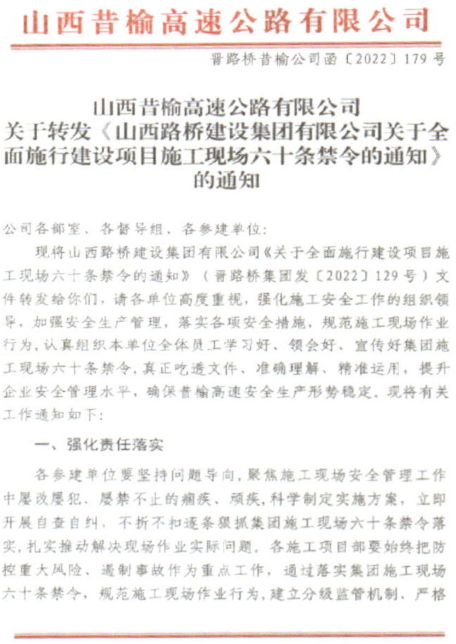

图 7-6　六十条禁令通知文件

（四）监测预警

昔榆公司所属项目部结合 AI 智能分析，严格落实风险监测预警工作制度，根据不同的监控对象、监控重点、监控内容、监控要求，采取科学高效的方式，切实加强监测预警工作。对人脸识别、车辆通行、消防隐患、周界监控等进行全面监控分析和实时报警，有效杜绝危险事故及非法盗窃等不安全行为。昔榆公司摄像头风险预警画面如图 7-7 所示。

第七章　安全管理数字化

图 7-7　昔榆公司摄像头风险预警画面

（五）风险的监管与控制

针对桥涵、隧道、高边坡、"三集中"场站等重大、较大风险区域，昔榆公司建立危险源管控清单，制定管控责任、管控措施和检查标准，重点开展风险巡查，督促责任到位、措施到位。同时，建立巡查档案，落实痕迹管理，促进风险有序化、实效化管控。昔榆公司风险管理与控制界面如图 7-8 所示。

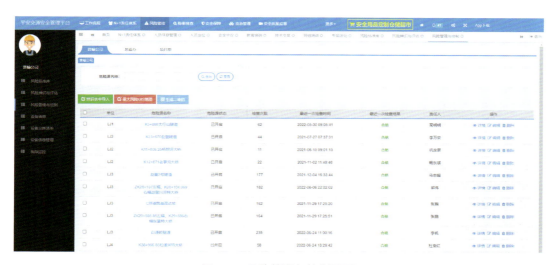

图 7-8　风险管理与控制界面

 隐患治理预防体系

（一）建立隐患治理制度

昔榆公司依据《公路工程施工安全检查评价规程》（DB14/T 666—2016）规范隐患排查的

治理标准，持续深入开展以日常排查为主、与定期检查和专项排查相结合的安全隐患排查治理工作，按照检查计划开展日常检查、季节性检查、重大活动及节假日检查、复工检查、专项检查、综合检查等。同时，编制隐患排查清单，建立隐患检查整改台账，指定专人督办、跟踪问效，确保责任与措施落实到位，使风险可控、隐患清零，建设平安工地。昔榆公司安全检查界面如图7-9所示。

图 7-9 安全检查界面

此外，昔榆公司开展月度安全检查考核评价、季度劳动竞赛考核，配套制定奖罚制度，形成安全检查长效机制，做到有检查、有整改、百分之百闭合销号，推进安全生产责任落实，推动安全管理再提升。制定安全生产考核、奖罚制度，明确对月度评价等级达到良好、合格、不合格等级的监理单位、施工单位的奖励、处罚标准和内容，通过公平合理的奖罚措施，激励和约束各方安全生产行为，促进安全评价工作的有效落实。昔榆公司施工单位评价结果、监理单位评价结果界面如图7-10、图7-11所示。

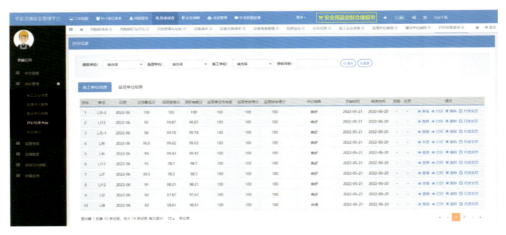

图 7-10 施工单位评价结果界面

第七章　安全管理数字化

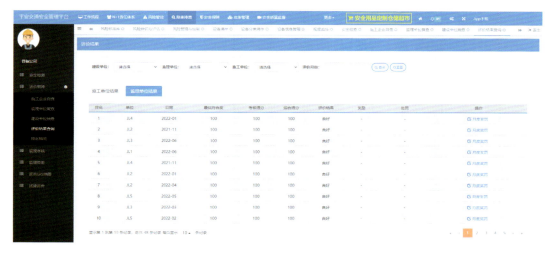

图 7-11　监理单位评价结果界面

(二) 强化闭环管理

安全管理人员发现隐患及时拍照取证,下发整改通知单,要求限期整改及时闭合,提高了整改时限与效率。真正做到"一区域一检查",将施工安全隐患扼杀在萌芽阶段,将安全工作落到实处,科学制定并有效落实隐患治理措施,做到排查、整改、验收、销号的闭环管理。

(三) 加强安全管理系统建设

昔榆公司引入安全管理系统,实现隐患动态统计分析。对于已经发现及排查出的隐患,分析其产生的部位以及可能导致的后果,加强对隐患较集中部位的监督管理;对于可能导致严重后果的隐患,应深入研究,合理制定专项整改方案并督促落实。施工现场安全监督检查及隐患排查体系界面如图 7-12、图 7-13 所示。

图 7-12　施工现场安全监督检查

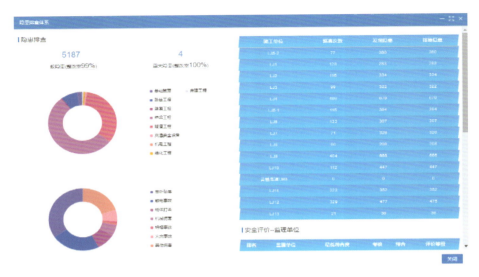

图 7-13　隐患排查体系界面

第二节　安全智慧监控

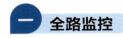

为实现对人员、机械、材料、工序、环境的全方位实时监控,变被动"监督"为主动"监控",真正做到事前预警、事中常态检测、事后规范管理,实现对施工现场生产的全天候、全过程智能化管理,昔榆高速公路智慧监控实行项目公司(管理中心、管理分中心)、项目部(管理站)、施工现场(移动终端)三级管控体系分级管控。智慧监控管理模式如图 7-14 所示。

通过 BIM 平台昔榆公司实现对下属各个项目部的施工部位、重点施工工序的远程监管,包括"三集中"场站、桥梁、隧道、高边坡等。昔榆高速公路全线设立视频监控约 245 路,共 1800 多个监控点,用于接收已开工作业点的信息,监控及记录各重点工程生产过程中出现的各种问题。智慧监控系统支持多画面浏览级轮巡,支持跨系统、跨平台操作,可轻松实现计算机网络、数字语音对讲、数字视频监视、电话通信等的多网合一。

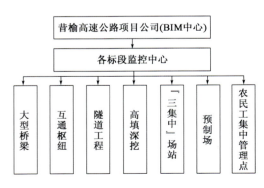

图 7-14　昔榆公司智慧监控管理模式

将现场视频上传至平安交通安全管理平台,管理人员通过平台可实时观察隧道工程、桥梁工程等现场的施工情况。同时,督促参建人员落实安全管控责任,严格报告频次,严把报告质量关,每日填写视频监督日志及台账,全面落实"按规范、守着干"的管控要求,充分利用视频报告系统进一步强化对现场的监督管控力度。视频监控功能基本要求见表7-1,平安交通安全管理平台视频报告界面如图7-15所示。

视频监控功能基本要求　　　　　　　　　　　　　　　　表7-1

序号	项目	内容
1	视频数据采集	①视频监控位置覆盖工地出入口、重点作业面、危险区域、禁入区域等; ②视频监控数据具备在线传输功能
2	视频数据查看	①具备施工现场视频数据实时查看功能; ②具备视频回放功能:通过互联网协议(IP)地址、时间、报警类型等方式进行录像检索,支持多路同步回放、全屏回放、视频摘要等; ③具备摄像机设备分组布局、多画面同时预览功能; ④具备视频轮巡功能:通过设置轮巡时间间隔、多个摄像机显示顺序等参数,实现多个摄像机画面的循环播放; ⑤能通过互联网远程查看现场实时情况,端到端的信息延迟不大于3s,图像分辨率不小于480P; ⑥视频存储的回放图像分辨率不小于1080P
3	视频监测控制	具有云台控制功能,可调节摄像机的旋转角度、镜头景深远近等参数
4	视频数据存储	①能对所有摄像机摄取的图像进行24h全天候记录,存储时间不短于15d; ②具备视频备份功能,支持本地或异地录像备份和日志备份

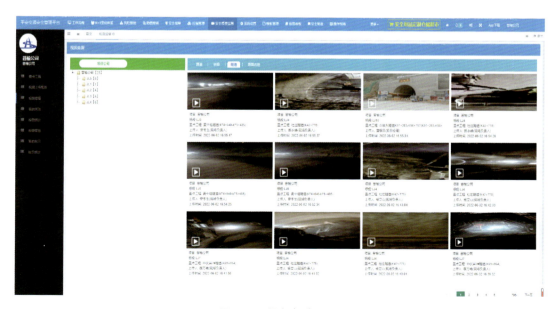

图7-15　视频报告界面

二 工程结构监测

(一) 沉降监测

对拱顶沉降和净空收敛、裂缝、不均匀沉降、围岩内部位移等突出风险进行监测,具体监测项目、监测仪器、安装部位见表7-2。

沉降监测详表　　　　　　　表7-2

监测项目	监测仪器	安装位置
拱顶沉降和净空收敛	激光测距仪	浅埋段、软弱围岩段
裂缝	裂缝仪	衬砌裂缝发育段
不均匀沉降	位移计	洞口明暗交接段、浅埋段
围岩内部位移	多点位移计	按需埋设
孔隙水压力	孔隙水压计	渗水段
围岩压力	压力盒	浅埋偏压段
初期支护与二次衬砌接触应力	应变计	按需埋设
锚杆轴力	钢筋计	按需埋设
钢支撑内力	应变计	按需埋设

(二) 隧道智慧管理平台

目前,隧道施工管理大多采用"清包"管理模式,即"包工不包料",虽然在材料上能够重点把控,但由于项目部未直接组织隧道的施工生产,质量、安全难以有效管控,后期与工程协作单位结算容易产生纠纷,不利于成本管控。《隧道施工及组织管理指南》将隧道班组按工序分为测量班组、开挖支护班组、运输出渣班组、综合班组、二次衬砌模筑班组5个班组,通过设置调度联络人的方式,避免工序间协作不畅,缩短工序衔接时间,加强班组配合,使人员和设备效率得到充分发挥。同时,要求每月对各班组进行工程量验收,并统计分析当月消耗材料数量,因班组原因造成材料超耗的,班组按一定比例承担超耗材料费用。

按照上述指南要求,昔榆公司开发隧道智慧管理平台,规范隧道施工工序,提高各项工序施工效率。根据班组施工内容,建立标准工序,标准工序中设定工、料、机及施工参数等各类量化指标,通过人工录入、自动采集实时展示各项工序工、料、机实际消耗数据,通过系统数据自动校验和人工复核,与标准工序指标做对比分析,为施工中各类施工参数的动态调整提供数据支撑,各项材料损耗系数实时推送至成本管理系统,为工程结算提供参考。同时,配套开发手机端App,使各项工序管理更加高效、便捷,真正打造一款专业、实用的隧道施工应用平台。基于现场图像采集,还原隧道内部情况,并与设计数据进行对比,记录隧道实测信息。

借助隧道智慧管理平台,可实现对施工现场的监控、管理和优化,如人员定位、设备监测、材料节超、数据分析等,提高施工现场的管理水平,减小事故发生概率,同时还可以提高各施工班组的工作效率,减少人力资源浪费。具体而言,该系统具有以下成效:

(1)以班组化管理为主线,运用智能设备机械化施工,实时统计分析材料消耗,实现工、料、机的最优配置,优化施工组织模式。

(2)通过WBS工作分解结构,按照隧道施工顺序,建立标准的洞口工程、洞身工程、附属工程施工工序,并对每道工序各类指标进行量化,做到数据可追溯,真正实现全过程管控。

(3)通过每循环开挖后的断面初次扫描、初期支护后的二次断面扫描、二次衬砌施工后的三次断面扫描数据上传,系统自动计算分析出超挖超喷数量,动态调整现场施工参数,实现有效控制超挖超喷。

(4)对不同等级围岩每循环开挖进尺时间进行数据汇总分析,时刻掌握所有隧道施工进度。

(5)根据材料消耗、安全步距、超前地质预报,分别建立分级材料、安全、围岩预警机制,有效提高成本与安全管控水平。

(6)通过与安全质量管理平台、协作队伍管理平台、农民工管理平台等系统间数据的交接和交互,实现山西路桥集团各业务部门的数据共享和业务协同。

(三)边坡监测

对隧道洞口段边坡岩土体内部沉降、倾斜、土壤含水率、孔隙水压力变化等进行连续监测,及时捕捉边坡性状变化的特征信息,对边坡的整体稳定性作出判断,快速作出边坡崩塌、滑坡等灾害发生的预警预报。边坡监测如图7-16所示。

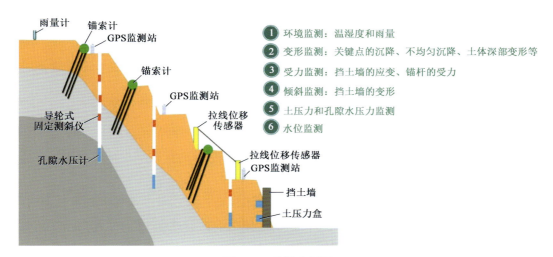

图7-16 边坡监测图

注:可根据实际项目情况对监测项、传感器布点进行优化。

(四)预应力锚索应力远程监测

为保证高陡边坡结构稳定性,广泛采用锚杆(锚索)技术进行加固。为了监测锚杆(锚索)的健康状态,传统的方法是在施工时安装锚索应力计进行人工监测,而工后则无法安装,该方案无法在现场或对大量测点进行监测。昔榆公司选用一种无线数据传输电池一体化设计的智能传感器。该传感器设计为超薄型(厚7mm),适合在工前或工后安装,配合基于远距离无线电(LoRa)传输网络的远程物联网大数据平台,搭建在线实时的健康监测网。

(五)超前地质预报

昔榆高速公路隧道的超前地质预报工作结合地质调查法、地震波法、地质雷达法、超前钻孔及加深炮孔法等多种手段,采取长短结合、相互验证的综合预报技术。其中,超前钻孔及加深炮孔法主要利用全电脑三臂凿岩台车进行超前地质预报,进行钻孔作业时,实时监测推进速度、冲击压力、推进压力、回转压力、水压力和水流量等参数,并通过MWD软件分析复原地质情况(图7-17),形成地质报告,由此可建立隧道大数据地质库。

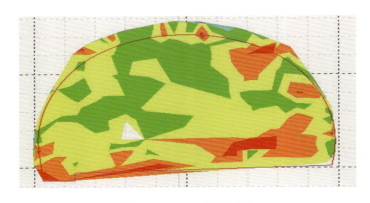

图 7-17　MWD 地质云图

(六)安全步距监控

安全步距是实际现场掌子面到二次衬砌的距离。当现场的距离超过安全步距时,系统将发出预警并将工序App中的工序锁定,施工单位无法进行报验。

昔榆公司设立隧道安全步距监测系统,采用毫米波雷达技术对二次衬砌到掌子面的距离进行实时监控,动态反映隧道施工过程中二次衬砌施工的跟进速度,实时掌握安全步距数据,步距超标时实时预警,同时将实时采集的数据上传至平安交通安全管理平台。隧道安全步距采集终端如图7-18所示。

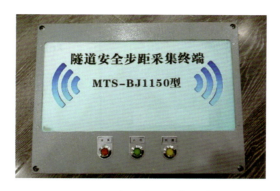

图 7-18　安全步距采集终端

(七)桥梁结构健康监测

针对桥梁运行安全风险问题,在昔榆高速公路各座桥梁尤其是特大桥处铺设了桥梁结构智能监测点,并增设激光位移传感器。通过桥梁监测系统,可动态掌握桥梁结构运行状态,实现对特殊事件的提前感知,保障桥梁结构安全。

 在线巡检

昔榆高速公路智能巡检系统将传感器、视频监控设备、无线通信技术等多种技术手段有机结合,以轻量化车载采集平台、边缘智能算法引擎为支撑,实现公路表面病害及公路基础、附属设施的边缘侧智能识别,自动输出识别目标的高精度位置及公路表面病害的精确面积,提供面向业务需求的结构化结果并实时上报,为公路巡查和养护的降本提效、公路管理数字化水平的提升提供重要的数据支撑。

公路智能巡检系统的 AI 算法识别准确率高达 90%,可进行滤重并结构化输出;采集范围广,可覆盖 3 个车道,对公路表面病害及公路基础、附属设施进行一次性采集,作业结束车端即时出结果;定位精度高,可实现公路表面病害面积精准计算。该系统有效解决了传统高速公路巡检存在的准确率低、覆盖范围低、定位精度低等问题,提高了高速公路巡检的效率和质量。

 设备监测

脚手架、模板和塔式起重机等垂直运输机械作业时,大多处于高空,若防护不当,极易发生坍塌、倾覆等重大安全事故。昔榆公司引入施工设备监控系统,智能化记录工人操作及设备的运行实时数据,并设置预警范围。当现场施工出现异常值时,系统会自动进行声光报警,提醒作业人员及时停止危险行为,项目管理人员也能够及时发现隐患,进行快速排查整治。

施工设备监控系统使用设备智能监控监测终端,实时采集并显示塔式起重机、门式起重机、架桥机等特种设备的运行状态,控制器通过无线传输实现施工现场与监控中心之间的通信,实现对塔式起重机、门式起重机、架桥机等特种设备运行状态的全方位监测及多种不同危险的预警。各种数据统一保存和管理,并可实现数据报表手机 App 实时查看,有效提升安全水平,更好地指导现场施工生产。

第三节　安全应急管理

一、应急预案修订及备案

为贯彻落实交通运输部发布的《交通运输安全应急标准体系(2022 年)》,山西省交通运输厅印发了《山西省高速公路交通安全应急预案》。相应地,晋中市交通运输局发布了《晋中市交通运输局公路工程突发事件应急预案》。为积极响应上级政府政策号召,昔榆公司编制印发综合应急预案,并在属地主管部门完成备案。

同时,为提出更加具有针对性的应急方案,昔榆公司建立健全"1 + N"应急管理体系(图 7-19),"1"即综合应急预案,"N"即各参建单位编制各类专项应急预案、现场处置方案。规范应急预案的功能定位、编制程序、管理责任、预案衔接、备案实施等工作环节,体现先期处置与自救互救的特点。

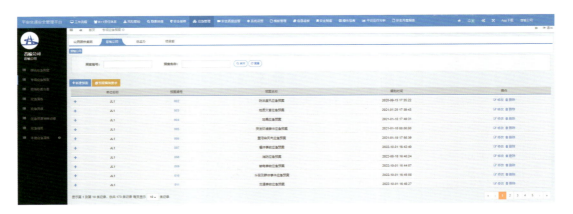

图 7-19　"1 + N"应急管理体系

通过与晋中市气象局对接联动,昔榆公司针对全线工程特点及所涉范围,开展对气象等的预警信息的搜集、接收、整理和风险分析工作,每日发送针对性的天气变化情况、气象预警等级、气象临近预报等(图 7-20),为全线应对极端气象灾害提供信息支持。昔榆公司根据天气变化及时调整施工工作安排，有效应对汛情、强降雨、降雪、大风、寒流等对施工建设的影响，切实增强极端天气下安全防控能力。

昔榆高速沿线天气预报

〔2022〕第318期

晋中市气象局服务中心　　2022 年 11月 14 日

今天夜间：晴，3级西风。
明天白天：晴，微风。
明天夜间到后天白天：晴，微风。

地点	时间	天气	气温(℃)	风向风力
太行山隧道出口	14日 20时-15日 20时	晴	1~16	西北风 3-4级
	15日 20时-16日 20时	晴	0~15	西风<3级
01 2#斜井	14日 20时-15日 20时	晴	2~16	西北风 3-4级
	15日 20时-16日 20时	晴	0~15	西风<3级
K11+802 杨照河特大桥	14日 20时-15日 20时	晴	2~17	西北风 3-4级
	15日 20时-16日 20时	晴	0~15	西风<3级
K15+600 预制梁场	14日 20时-15日 20时	晴	0~15	西北风 3-4级
	15日 20时-16日 20时	晴	-2~14	西风<3级
K18+000 项目部驻地	14日 20时-15日 20时	晴	1~16	西北风 3-4级
	15日 20时-16日 20时	晴	-1~14	西南风<3级
03 项目部驻地	14日 20时-15日 20时	晴	2~15	西北风 3-4级
	15日 20时-16日 20时	晴	1~14	西风<3级
一号梁场	14日 20时-15日 20时	晴	2~15	西北风 3-4级
	15日 20时-16日 20时	晴	1~14	西风<3级
赵壁川河特大桥	14日 20时-15日 20时	晴	2~15	西北风 3-4级
	15日 20时-16日 20时	晴	1~14	西风<3级
白道岭隧道	14日 20时-15日 20时	晴	2~15	西北风 3-4级
	15日 20时-16日 20时	晴	1~14	西风<3级
04 项目部驻地	14日 20时-15日 20时	晴	0~14	西北风 3-4级
	15日 20时-16日 20时	晴	-1~15	西风 3-4级
花峪隧道	14日 20时-15日 20时	晴	1~14	西北风 3-4级
	15日 20时-16日 20时	晴	0~14	西风<3级
杜庄隧道	14日 20时-15日 20时	晴	1~14	西风 3-4级
	15日 20时-16日 20时	晴	0~15	西风 3-4级
04 预制梁场	14日 20时-15日 20时	晴	0~14	西北风 3-4级
	15日 20时-16日 20时	晴	-1~15	西风 3-4级
扬子江特大桥	14日 20时-15日 20时	晴	-2~13	西北风 3-4级
	15日 20时-16日 20时	晴	-3~14	西风 3-4级
5-1 标项目驻地	14日 20时-15日 20时	晴	-2~13	西北风 3-4级
	15日 20时-16日 20时	晴	-3~14	西风 3-4级
5-2 项目部驻地	14日 20时-15日 20时	晴	-5~12	西风 3-4级
	15日 20时-16日 20时	晴	-6~12	西风 3-4级
5-2 梁场	14日 20时-15日 20时	晴	-5~12	西风 3-4级
	15日 20时-16	晴	-6~12	西风 3-4级

图 7-20　昔榆高速公路沿线天气预报

二　应急演练情景库构建

昔榆公司加强对超大桥梁坍塌、超长隧道火灾等突发事件的情景构建，建设一批应急演练情景库，积极开展消防、防汛、防坍塌、机械伤害、高处坠落等各类应急演练（图 7-21、图 7-22），动态更新预案内容，增加应急救援知识储备，提升处置突发事件能力，全方位提高应急处置水平。

三　应急救援队伍与物资配备

昔榆公司加强安全事故应急管理，成立应急救援组织机构，根据综合应急预案及专项应急预案制定现场处置方案。应急救援组织机构主要由应急领导小组和应急救援工作组两部分组成，应急领导小组主要负责召集协调各应急队伍的统一行动，及时了解掌握报告事故抢险进展情况。同时，在应急领导小组的统一领导下成立应急救援工作组，包括技术方案组、调度信息组、应急抢险组、医疗救护组、设备物资组、后勤保障组、安全警戒组和后处理组，如图 7-23 所示。

图 7-21　隧道涌水暨塌方综合应急演练

图 7-22　防汛应急演练

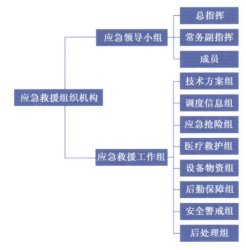

图 7-23　应急救援组织机构

对于调度信息组,隧道发生突发事件需要紧急撤离时,控制中心调度指挥人员利用应急喊话系统以扩音喊话的方式向现场发送指令,指挥现场人员迅速、有序、安全地撤离危险区域。同时,现场人员也可通过隧道内话机就地喊话、对讲,汇报现场情况,最大限度降低突发事件对工程造成的影响,保证自身安全。昔榆高速公路项目小型调度台与一键对讲机如图7-24、图7-25所示。

图 7-24　小型调度台

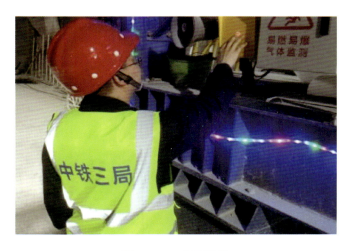

图 7-25　一键对讲机

对于设备物资组,为强化应急准备在应急管理工作中的主体地位,昔榆公司切实要求加强应急装备实物储备,建立实物储备、协议储备和生产能力储备相结合的储备机制,构建应急装备储备与调度管理平台,设立标准化应急物资库,成立应急队伍。应急物资库的建设,有利于落实应急资源管理,明确应急物资消耗记录,便于快速处理施工中的突发性安全事故。应急物资储备、应急调度管理平台界面如图7-26、图7-27所示。

图 7-26　应急物资储备

图 7-27　应急调度管理平台界面

四　应急培训与竞赛

针对新员工安全生产意识不强、防范能力薄弱等情况，昔榆公司将安全生产教育作为入职培训的必修课。将 VR 技术应用于安全生产基础教育，重点聚焦安全生产规程、消防安全实操内容，从现场警示标识、通用语言系统和实务操作规范等方面加强宣贯，同时加强持证上岗教育，促使一线工人严格遵守安全规程。

此外，为培养员工学习施工安全知识的积极性、主动性和创造性，昔榆公司组织开展施工安全技能竞赛,以达到"人人要安全、人人会应急"的目标,提高从业人员应对突发事件的能力,实现安全生产。搭建路基路面、桥梁施工作业场景,全方位考核参赛选手特种设备作业、动火作业、高处作业、交通组织、临时用电作业等安全管理措施及防护的实操技能,实现安全应急的全方位管理与实践。昔榆高速公路"六比六赛"活动启动仪式如图 7-28 所示。

图 7-28　昔榆高速公路"六比六赛"活动启动仪式

第四节　平安工地建设

一　施工安全标准化建设

昔榆公司建立安全生产投入长效机制,编制《公路工程安全防护设施标准化指南》,规范安全投入标准,保证投入有效、使用合理。同时,召开安全防护标准化现场观摩会,保障安全生产投入到位,促进安全生产标准化建设与规范化施工,确保施工安全,起到示范引领作用。

昔榆公司结合项目特点编制《安全设施标准化图册》,从路基路面、桥梁、隧道、临时用电等方面,对施工中常见的安全防护措施进行标准化设计,对投入的安全设施进行清单量化,将抽象的问题具体化、复杂的问题简单化,实现安全施工标准化的有效管理。其中,桥梁施工中,应用安全过道、跨线作业行车通道、施工电梯、高空作业举升车、负弯矩操作平台等设施（图7-29～图7-33），保障桥梁施工安全。

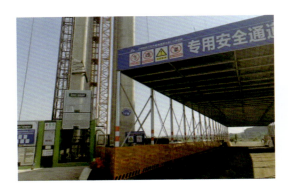

图7-29　跨线作业行车通道

图7-30　高处作业上下通道

图7-31　高空作业应用举升车

图7-32　40m以上墩柱设置施工电梯

图7-33　负弯矩及横隔板作业操作平台

昔榆高速公路各项目部实现安全生产标准化二级达标，邀请专业技术评价机构开展咨询服务，充分发挥专业咨询机构作用，从预审、培训、评价、公示发证四个阶段对业内资料及施工现场进行系统性梳理,通过量化安全生产标准化建设内容,明确建设目标及评价标准,安全管理水平及安全防护标准得到整体提升,为打造平安百年品质工程提供技术支持。

二 安全生产责任

(一)岗位安全生产责任

昔榆公司成立安全生产监督管理委员会,构建"19+1"责任体系,形成"层层负责、人人有责、各负其责"的工作格局,见表7-3、图7-34和图7-35。"19+1"安全生产责任体系是由昔榆公司、监理单位、总承包、施工单位、劳务工队共同组成20层级的责任体系,前19级为管理层,最后1级为执行层,即一线作业人员。昔榆公司的安全生产紧扣《中华人民共和国安全生产法》主题,遵循"三管三必须"原则,即"管行业必须管安全、管业务必须管安全、管生产经营必须管安全"。昔榆公司全员落实安全责任清单,实现"一岗一清单",如图7-36所示。

昔榆高速公路项目"19+1"全员安全生产责任体系　　　　表7-3

序号	单位	岗位(层级)	编号	备注
1	昔榆公司	董事长	XYGS-01-001	
2		总经理	XYGS-02-001	
3		总工程师及副总经理	XYGS-03-001	
4		各部室负责人	XYGS-04-001	安全部长编号为001,其余部室负责人依次排序
5		各部室职员	XYGS-05-001	
6	监理单位	总监理工程师	XYGS-06-01-001	各总监理工程师按项目划分依次排序
7		副总监理工程师	XYGS-07-01-001	
8		安全监理及各专业监理工程师、各驻地组长	XYGS-08-01-001	安全监理编号为001,其余驻地组长、各专业监理工程师依次排序
9		监理员	XYGS-09-01-001	
10	总承包	总承包项目经理	XYGS-10-01-001	各项目经理按标段依次排序
11		总承包总工程师及副总经理	XYGS-11-01-001	安全副总经理编号为001,总工程师及其余副总工程师依次排序
12		总承包普通科员	XYGS-12-01-001	
13	施工单位	项目经理	XYGS-13-01-001	各项目经理按项目划分依次排序
14		项目总工程师及副经理	XYGS-14-01-001	安全副总经理编号为001,总工程师及其余副经理依次排序
15		项目部各部室负责人	XYGS-15-01-001	安全部长编号为001,其余部室负责人依次排序
16		专职安全员	XYGS-16-01-001(安)	
17		项目部各部室职员	XYGS-17-01-001	

续上表

序号	单位	岗位(层级)	编号	备注
18	劳务队	各劳务队负责人	XYGS-18-01-001	
19		各劳务队班组长	XYGS-19-01-001	
20		劳务队人员	XYGS-20-01-001	

注：编号规则：
    1. XYGS(项目名称)-01(岗位层级)-001(人员编号)；
    2. XYGS(项目名称)-06(岗位层级)-01(项目划分)-001(人员编号)；
    3. XYGS(项目名称)-06(岗位层级)-01(监理办划分)-001(人员编号)。

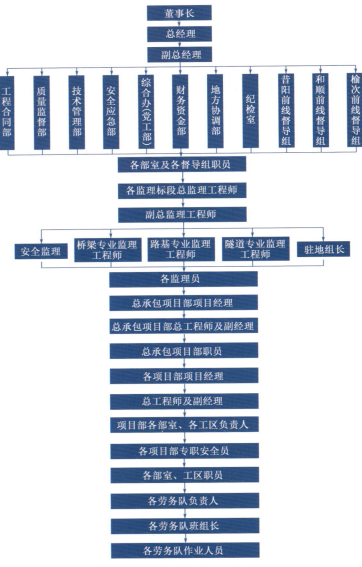

图7-34　昔榆高速公路项目"19+1"责任体系框架

第七章 安全管理数字化

图 7-35 责任体系人员信息界面

图 7-36 部分安全责任清单

（二）安全生产考核评价

昔榆公司建立工地安全生产考核及奖惩制度,在项目开工前组织安全生产条件核查,要求每半年对本项目所有施工和监理合同段组织一次安全生产考核评价,形成相应考核评价记录并及时存档、上报。施工单位每月至少开展一次本合同段安全生产情况自查自纠,及时改进安全管理中的薄弱环节;每季度至少开展一次自我评价,评价结果应当报监理单位复核。

监理单位将安全生产作为安全监理的主要内容,对于危险性较大的分部分项工程,开工前应及时开展安全生产条件审核,条件核查不通过不得施工。施工过程中,每季度对监理范围内的合同段安全生产管理情况进行监督检查,复核施工单位自我评价结果,发现问题及时督促整改。考核后产生的安全生产先锋队授旗仪式及安全生产红袖章如图 7-37、图 7-38 所示。

图 7-37　安全生产先锋队授旗仪式

图 7-38　安全生产红袖章

(三) 一线班组技能培训

昔榆公司建立从进场到退场全周期信息化个人档案(一人一档),开展多种形式培训教育,通过现场+理论教学、VR 体验等形式,使得安全培训内容更加生动,一线作业人员理解更加简单,全面提高安全专业素养,并实行考核淘汰制,考核不合格一律不允许上岗。同时,深入贯彻学习《中华人民共和国安全生产法》及山西省政府发布的《山西省生产经营单位主要负责人安全生产责任制规定》,分解任务清单,逐项落实,全面压实参建单位安全生产主体责任和政治责任,筑牢安全生产防线。

三 安全设施设备管理

（一）安全设施验收

为落实交通运输部发布的《公路交通安全设施施工技术规范》(JTG/T 3671—2021)，昔榆公司实施安全设施验收制，每一道施工工序经施工单位自检、监理单位审查验收后，方可进行主体施工。施工单位严格落实"先验收后施工、不验收不施工"管理规定，结合设计图纸、监理验收资料等对现场条件进行检查、验收，发现问题尽快查明原因，整改验收合格后进行下一道工序的施工。验收后，相关人员将结果上传至平安交通安全管理平台，便于进行后续管理。安全设施报验单及系统设施报验界面如图 7-39、图 7-40 所示。

图 7-39　安全设施报验单

（二）设备管理台账

昔榆公司实行设备分类管控，从设备进场的相关安全证件、检验工况，到设备使用的定期检查、维修保养情况，均需上传至平安交通安全管理平台。施工专用机械设备、生产工具则在施工前进行安装调试和校验，试验检测设备、仪器应经检定或校准合格。加强设备规范化管理，建立健全管理台账，落实专人负责管理，确保设备情况可追溯、风险可防范。平安交通安全管理平安设备清单、设备分类清单、设备管理信息、安全设备清单界面如图 7-41～图 7-44 所示。

图 7-40　系统设施报验界面

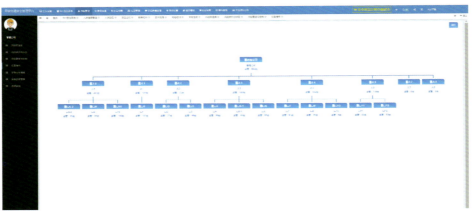

图 7-41　设备清单界面

图 7-42　设备分类清单界面

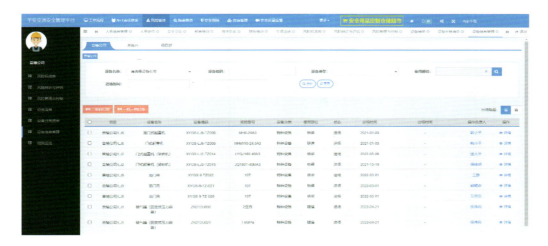

图 7-43　设备管理信息界面

图 7-44　安全设备清单界面

(三) 特种设备专项管理

昔榆公司对特种设备、机械设备实施分类管理,全部编码并实行"一机一档",执行"不合格、不进场,不检验登记、不使用"管理要求。通过每月通报的方式,督促各项目部积极落实特种设备检验登记工作,确保全线特种设备始终处于可控状态,并开展特种设备检验专项提升行动。检验报告及使用登记证全部张贴到特种设备醒目位置并向昔榆公司备案,安装拆除则由具备资质条件的单位承担,保证特种设备日常检查、维修、保养记录齐全。特种设备安全检验与特种设备门式起重机自动夹轨器如图 7-45、图 7-46 所示。

图 7-45　特种设备安全检验　　　　　图 7-46　特种设备门式起重机自动夹轨器

(四) 智能设备应用推广

为响应《交通运输部关于加强交通运输安全生产标准化建设的指导意见》中对安全生产标准化的管理要求,昔榆公司优先选用先进适用、安全可靠的技术、工艺,推广智能监测预警系统、自动限位器、塔式起重机监控系统等智能机械设备/系统的应用,不断向"机械化换人、自动化减人、智能化少人"的目标迈进,实现机械管理水平迈上新台阶。此外,施工现场还借助智能安全帽(图 7-47)进行远程监控,可实现一键求救、照明、拍照、摄像、视频通话、定位等。

图 7-47　智能安全帽

四　安全生产检查

在每道工序开工前,首先进行安全条件检查。实施工序施工安全生产条件核查制,将现场报验情况同步上传至平安交通安全管理平台,全面落实"按规范、守着干"要求,确保在施工中全过程防范安全风险和保障安全生产工作。安全设施图片资料卡片和平安交通安全管理平台安全生产条件核查界面如图 7-48、图 7-49 所示。

第七章　安全管理数字化

图 7-48　安全设施图片资料卡片

图 7-49　安全生产条件核查界面

五 安全生产费用管理

为规范安全费用计量与审批程序,昔榆公司明确先安全设施验收、后施工、再计量。在线进行安全生产费用计划与中间费用计量报审,推进规范化计量与标准化投入,切实将安全生产费用用于完善和改进项目安全生产条件。为确保安全施工标准化落到实处,昔榆公司对施工现场安全投入进行严格管控,保证安全经费专款专用,足额提取安全专项经费,不断改善安全生产条件,保障安全投入机制。平安交通安全管理平台安全生产费用管理界面如图7-50所示。

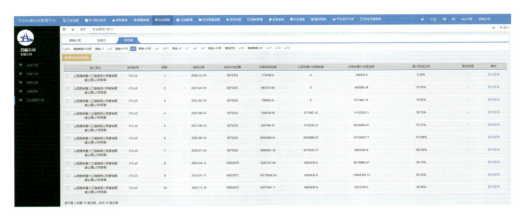

图 7-50　安全生产费用管理界面

安全保障举措

(一)"1151"工作机制

昔榆公司树立"安全为天"理念,根据平安工程创建要求,为实现风险可控和建设安全的目标,以"一套体系、一条红线、五个抓手、一张保单"的安全生产管理"1151"工作机制为举措,稳步推进各项工作落实。

一套体系,即一套责任体系,全员签订责任清单与目标责任书,主要负责人签订履职承诺书,压紧压实"19+1"全员安全责任制。

一条红线,即一条安全红线,建立健全安全红线、六十条禁令工作机制,采取违约处罚、追责问责措施,形成安全管理高压态势,促进施工现场安全管控水平稳步提升。

五个抓手,即以五个着力为抓手。着力加强培训教育,开展多形式、多工种安全培训与岗前交底,解决一线工人安全意识薄弱的顽疾。着力夯实保障基础,持续加大安全投入,编制并印发隧道施工、梁板运输架设、高墩施工、机械管理等标准化指导文件,12个项目部完成安全生产标准化达标认证,梳理完善现场管理标准与过程控制标准,促进安全生产管理更加精细化。着力构建双重预防机制,建立风险管控清单,绘制四色风险分布图,实施动态管理。以梁板架设、高墩、隧道为管控重点,开展复工复产、汛期、"五一"、端午节等重点时段安全生产检查,将隐患消除在萌芽状态。着力强化应急处置,全线设立标准化应急物资库13处,成立应急队伍13支,共有应急人员231人,开展消防、防汛、高处坠落、触电、坍塌等各类应急演练,有效检验应急工作机制。每日发送针对性的气象预报信息,切实加强极端天气下安全预防能力。

着力推行智能管控应用,充分利用昔榆公司智慧建设管理中心,对隧道、桥梁、高边坡等重点工程实施全天候监管,针对危大工程,定人、定期、定点进行视频报告,实现项目全方位管控。

一张保单,即一张安全生产责任保险投保单,该保单兼有风险查勘、教育培训等服务。昔榆高速公路为山西省内第一个在公路建设领域参保安全生产责任保险的项目,在保障事故预防能力的同时,努力协助做好安全生产标准化建设以及安全生产科技推广服务,提高施工过程中防范安全风险和保障安全生产工作的能力。昔榆高速公路全覆盖参保安全生产责任险投保单及新闻报道如图 7-51、图 7-52 所示。

图 7-51　安全生产责任保险文本保单及投保单

图 7-52　昔榆高速公路投保安全生产责任保险新闻报道

(二)"互联网+监管"

昔榆公司以信息管理平台为依托,落实"互联网+监管"管控模式。在"三集中"场站、高边坡以及桥隧等风险较大的重点部位,配备人员定位系统、瓦斯监测系统、出入门禁系统、远程视频监控系统以及危大工程监测系统,通过各类系统的设置,及时发现和纠正出现的安全问题,实现精准定位、快速指挥。

在新时代,昔榆公司运用互联网思维和先进信息技术,科学配置公司职能,重塑监督管理结构,是全面建设数字治理体系的重要手段,也是企业数字化管理的必然趋势和要求,更是助力国家治理体系和治理能力现代化的重要举措。推动"互联网+监管"技术与工程建设监督管理领域的深度融合,整合物联网、视频监控和大数据分析等非现场监管资源,探索推进基于非现场监管的实时监督管理等创新机制,提升监管精准化、智能化水平,让监管更便捷、更有效。

(三)"三送行动"

2021年5月,昔榆公司代表山西省接受了交通运输部"三送行动"专家指导组的调研与考察(图7-53)。专家指导组对昔榆高速公路建设工作给予充分肯定。"三送行动"是交通运输部统一部署开展的公路水运工程平安工地建设"送专家、送技术、送服务到基层"专项行动,旨在带动一线从业人员技术水平与安全意识的双提升,加快推进平安工地建设。

图7-53 交通运输部"三送行动"专家指导组调研

第八章
CHAPTER 08

绿色环保管理数字化

第一节　生态保护数字化管理

一　噪声与扬尘数字化监测

在昔榆高速公路施工过程中,扬尘的主要来源有材料运输和堆放、车辆运输、土方开挖等;施工噪声的产生主要源于施工机械设备,土石方开挖、打桩、结构施工等过程中设备的运行都会产生大量噪声,给现场施工人员和附近居民的生心健康造成极大影响。为此,昔榆公司构建数字化的扬尘噪声监测系统,通过监测邻近施工区域空气中的 PM2.5、环境温度、空气湿度、风速风向等参数数据,提醒参建单位降低施工对周边空气的影响,预防重大或突发性空气污染事故。

扬尘噪声监测系统主要包括监测设备层、数据处理与传输层和云服务平台层,如图 8-1 所示。利用粉尘传感器、噪声传感器,结合温度、湿度和风力等环境传感器收集现场监测数据,将数据处理后通过通信网络传输至云服务平台,并在现场 LED 屏上显示(图 8-2),云服务平台上可以实现数据的存储、提取和分析。

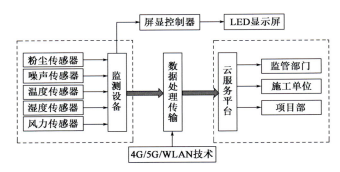

图 8-1　扬尘噪声监测系统

图 8-2　扬尘噪声监测应用

在监测设备层,将噪声、风力、温度、湿度等传感器及高清摄像头安装在一个箱体上,箱体内安装电机和蓄电池,进行全方位环境监测。当工地施工噪声过大时,噪声传感器将信息反馈到微控制器,随后报警器发出警报,提醒正在作业的相关人员;施工人员调整施工密度或施工时间,进而减小对周边居民的干扰。当现场扬尘浓度过大时,粉尘传感器将信息反馈到微控制器,进一步开启水泵,通过喷头喷洒水雾,降低扬尘浓度。采集的现场环境信息及视频在数据采集系统内进行处理后可以实现传输。

在数据处理与传输层,各项数据通过移动通信网络传输至数据存储系统,以便携式工控机为主要构件的数据处理系统进行初步的统计分析处理,并可以按照后台发布的指令实现数据发送、设备状态监测等功能。

在云服务平台层,施工现场监测数据经收集处理后上传至利用"互联网+"技术构建的信息集成云服务平台,实现资源共享、实时监控,各部门可实时获取施工现场的环境监测数据。同时,云服务平台可以设定扬尘、噪声等环境因素的阈值,当对应的环境监测数据超过设定值时便会发出预警信息,并将监测数据与预警信息通过移动端短信、App等渠道发送提醒信息给现场和管理部门相应人员。

根据扬尘与噪声数字化监测的结果,昔榆公司落实扬尘污染治理防治指南相关要求,严格实施大气扬尘整治与噪声管控,完善扬尘防治责任制,并配备负责扬尘防治管理人员,对易产生扬尘的施工作业面、运输车辆、厂区等进行降尘处理,严格落实扬尘治理"六个百分百"要求,保证施工环境清洁。敏感区域采取围挡作业、进出车辆冲洗、运输车辆密闭运输、场地道路硬化及时洒水、物料裸土全部遮盖、土方开挖湿法作业等措施,最终实现现场无扬尘。

植物微生态修复

植物微生态即植物微生态系统。微生态系统是指在一定结构的空间内,正常微生物群以其宿主人类、动物、植物组织和细胞及其代谢产物为环境,在长期进化过程中形成的能独立进行物质、能量及基因相互交流的统一的生物系统。昔榆公司结合使用智能滴灌技术与钵苗一体栽植技术,钵苗一体栽植后进行智能滴灌,实现昔榆高速公路沿线石质边坡的植被修复。

昔榆高速公路地质条件主要为中风化砂岩和少量泥岩,贫瘠缺水,直面陡峭,不具备一般栽培的条件,采用喷播也无法保证成活率,生态修复任务艰巨。面对特殊的地质条件和生态环境,昔榆公司在石质边坡路段采用微生态循环栽培,坡面岩石上采用机械化打孔方式栽植暴马丁香、金叶榆、柠条等灌木近11.5万株,并栽植菊花、播撒花草籽等。

对于微生态循环栽培,昔榆公司主要采用的是钵苗一体栽植技术。一个微生态钵苗就是一个微环境,依靠自身携带的水肥就可满足生长需求,减少周围不良环境干扰,实现抗逆生长。若干微生态钵苗集合,通过相互作用、相互融合、群落共享,改良土壤结构,形成全新的自然生态环境。钵苗一体栽植技术具有吸水保水、抗旱节水、循环利用、快速降解、防冻御寒、四季栽培、即栽即绿、抗逆生长、因地制宜、多样配置的特点,如图8-3所示。

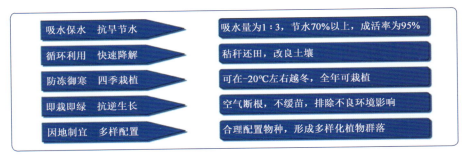

图 8-3　钵苗一体栽植技术特点

该技术通过微生态钵生产、钵苗培育、坡面打孔、钵苗栽植四个步骤完成边坡修复。微生态钵的原材料 90% 是植物秸秆等光合作用的产物，通过收集、处置，加工成容器，经育苗后再次回归大自然。植物微生态钵苗可以有效解决工程建设中边坡等困难地生态修复遇到的许多难题。采用钵苗一体栽植技术，微生态钵苗根植于深层，成活率高，复绿速度快，且不易退化，综合成本低。钵苗一体栽植工艺如图 8-4 所示。

图 8-4　钵苗一体栽植工艺

在对石质边坡进行灌溉时，昔榆公司采用智能滴灌技术。智能滴灌，即基于遥感、遥测等先进技术，实时接收植物生长环境监测数据，根据植物种植的气候、地理环境、季度、温度、湿度、土壤肥沃度、植物的生长态势等多项指标，通过智慧终端建立大数据平台并由人工智能算法科学计算灌水量，确保土壤含水率保持在适宜植物生长的最佳状态，适时适量地给植物进行合理的供水供肥，用科学的管理与方法达至灌溉精细化。针对昔榆高速公路的不同植被修复区域、不同作物类型，借助智能滴灌技术，可以制订更加合理的施肥和灌溉计划。

智能滴灌技术通过分析自动监测系统的前端采集的土壤、气候、植物相关数据，处理数据结果并作出灌排决策，由灌溉控制器发射无线控制信号控制电磁阀的开关和持续时间，并实时监测管道压力及流量等信息，对绿化、农田作物进行精准水肥灌溉，达到公路植被修复节水增效的目的。智能滴灌技术原理如图 8-5 所示。

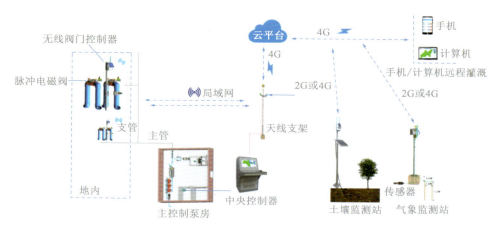

图 8-5　智能滴灌技术原理

昔榆公司采用智能滴灌技术与钵苗一体栽植技术进行石质边坡的植物修复。经过一年的生长,坡面植物长势良好,成活率达 90% 以上,部分坡面的草与灌木连成一片,初步达到改良坡面生态效果,并承受了多次强降雨冲刷,既固化了坡面,又美化了环境。石质边坡生态修复实景如图 8-6 所示。以上两项技术的结合使用为今后在建项目在边坡生态修复领域实现"绿水青山"奠定基础。

图 8-6　石质边坡生态修复实景图

第二节　资源节约数字化管理

一　临建工程智慧规划

为节约资源,昔榆公司采用 BIM 技术进行临建工程的设计与管理,将 BIM 与 GIS 结合,为方案讨论提供具有真实坐标系统的三维模型,并应用于施工便道规划管理、施工场地规划管理等方面,实现以数字化技术赋能节约用地。

(一) 施工便道 BIM 规划

对于位于傍山陡坡及沟谷段的桥梁下部结构,便道施工将对地表进行挖填作业,改变原地表形态,易导致原设计桥梁下部结构出现空桩、偏压墩的情况,影响结构安全。为解决上述问题,昔榆公司明确工程红线,依托周边区域的 BIM + GIS 三维实景模型,结合现场实地踏勘测量,核对地形、地质、水文等现场条件,合理规划设计施工便道,最大化地保护现有地形地貌,减少大填大挖。在规划中,以提高用地红线利用率为原则,综合考虑既有村道和工程红线的位置关系,充分考虑临时便道与主体工程之间的冲突和分阶段实施需求,合理设计施工便道的横纵曲线,在方便施工的同时实现土地资源的节约。临时便道如图 8-7 所示。

图 8-7 临时便道

(二) 临建选址 BIM 规划

昔榆公司依据施工建设方案的要求,在道路与三维实景模型中合理选取场站位置,确定最经济的临建位置。同时,依据原地形、地貌,按照减少水土流失、避免运距过长、减少对林地和农田的破坏等原则,结合第三方环保单位意见,调整和减少取弃土场,达到经济合理的目的。此外,借助 GIS + BIM 技术,昔榆公司对工程施工场地进行数据建模,便于在前期施工策划阶段了解场地的使用条件和特点,从而充分利用互通圈内有限的施工空间进行合理的场地功能规划,为施工总体部署决策提供依据。

二 污水排放智慧控制

(一) 隧道污水智慧处理

针对隧道掘进污水水质污染的问题,昔榆公司使用隧道污水智慧处理设备,结合实际的闭环处理工艺——絮凝沉淀 + 过滤,实现隧道工程各种污水的处理。絮凝沉淀 + 过滤示意图如

图8-8所示。该设备配置闭环水质监测系统、自动制药及加药系统、全自动絮凝沉淀系统、多介质过滤系统、程控式压滤系统、智能控制系统,也可根据实际需求选配各功能模块。施工现场不再需要建设三级沉淀池等土建施工,且污水处理设备转移场地便利,各模块可直接布置于隧道中,对布置场地要求低。

图8-8 絮凝沉淀池+过滤示意图

絮凝沉淀分为两个部分,即絮凝+斜管沉淀。絮凝是以聚合氯化铝(PAC)作为混凝剂,溶解后形成高电荷的聚合环链体,进入污水形成大量的正电荷团吸附水中的负电荷杂质,对水中胶体和颗粒物具有高度电中和及桥联作用,使杂质生成矾花而沉淀。同时,以聚丙烯酰胺(PAM)阴离子作为助凝剂,利用其高分子特点,分子链固定在不同的颗粒表面上,形成絮体加速沉降。斜管沉淀是在沉淀池体上方安装倾角为60°的蜂窝斜管。水中絮体等悬浮杂质在斜管中进行沉淀,水沿斜管上升流动;分离出的泥渣在重力作用下沿着斜管向下滑至池底,利用扫角刮泥机将沉泥刮入集泥斗,后由排泥管排入污泥池另行处理或综合利用。上清液则逐渐上升至集水管排出。

(二)拌和站废水处理一体化设备

拌和站作为建设项目的临建设施,用地范围较为紧张,而随着环保管理要求的日益严格,废水必须经过处理且达标后方可排放。因此,昔榆公司打造拌和站废水处理一体化设备。

昔榆公司打造的拌和站废水处理一体化设备,其废水处理整个流程的各个构筑物以钢结构为原料,反应池、斜管沉淀池、出水池及污泥池斗按设计容量尺寸焊接在一起,通过空间堆叠,具有占地面积少、造价低、设备可周转使用的优点。同时,拌和站废水处理一体化设施无须人工进入设施内维修,杜绝了空间作业受限的安全隐患,保障了作业人员及维保人员的安全。

第三节　节能减排数字化管理

一　施工用电智能管理

智慧用电系统由检测装置、无线报警装置等部分组成,安装在电气线路和用电设备上,能够实时发现漏电、过载等安全隐患,并即时向施工单位管理人员发送预警信息,能够指导施工单位自主开展隐患治理,消除潜在的电气安全隐患。安装智慧用电系统后,能够实现远程操控、能耗统计、超欠压提示预警、剩余电流提示预警。智慧用电系统拓扑图如图8-9所示。

图8-9　智慧用电系统拓扑图

智慧用电管理系统安装在配电柜(箱)内的安全用电传感终端上,可实时监测供电侧、用电侧的安全用电参数,并通过无线传输技术上传至智慧用电监控云平台,同时,对线缆温度异常、接触不良性电火花、电线短路、过载、漏电等用电安全隐患进行实时监控与预警。智慧用电云平台则不间断地对用电信息进行数据的存储、分析、挖掘、利用,实现全周期安全用电监管。智慧用电系统控制下的线缆如图8-10所示。

图8-10　智慧用电系统控制下的线缆

二　智慧能源运维管理

(一)综合一体化能源管理系统

为有效解决和预防高速公路能耗浪费问题,昔榆公司从分析当前存在问题入手,基于高速公路能耗和相关实时数据,借助物联网和云计算平台技术,建设昔榆高速公路综合一体化能源管理系统,从能源安全管理、能耗在线计量与分析、能源质量监测与分析、智能控制、系统集成、大数据应用等方面助力昔榆高速公路实现能源管理数字化目标。昔榆高速公路综合一体化能源管理系统由管理中心、主干通信网络、现场控制网络、各种智能计量装置、智能网关(用于连接第三方智能计量装置)等组成,其架构如图8-11所示。

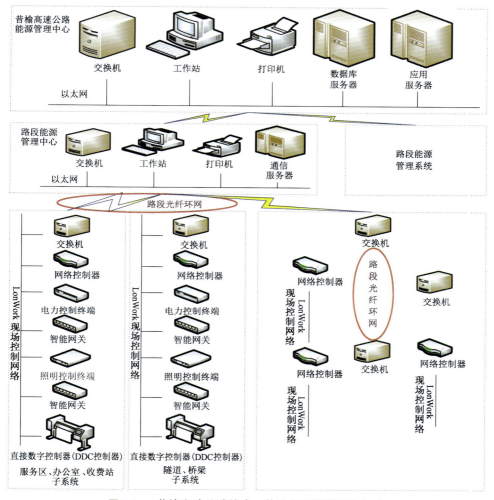

图8-11 昔榆高速公路综合一体化能源管理系统架构

该管理系统设置昔榆高速公路能源管理中心、路段能源管理中心(含长路段设置的路段能源管理分中心),并且分别在收费站、服务区、停车区、管理处(所)、养护工区、特大型桥梁、隧道等处设置能源管理子系统。

现场设备层为现场监控点的传感设备和控制器,即智能节电设备,包括用于配电回路计量和控制的多功能电力监控终端、用于水计量的智能水表、用于分项计量的能源管理终端、用于照明监控的照明智能监控终端、用于空调节能控制的控制器、用于电机系统节能的智能变频器等。该层是对用能点直接采集和控制的基础设备层。

通信传输层是解决现场设备联网的关键环节,通过网络控制器在现场设备层和系统应用层之间构成承上启下的数据传输层次。通信传输层包括两个层次,一是由现场智能节点设备组成的现场控制网络,二是系统主干光纤通信网。

系统应用层是面向高速公路能源管理需求的信息化平台,配有流程化监控界面,并具有实时监测和控制以及能源统计、分析、预测、调度和管理等功能。

(二)能耗模型

能耗模型是实现高速公路数字化采集与管控的基础。通过数字化模型,为管理人员定义统一的能耗信息表达方式,以实现能耗数据统计意义上的可比性、完备性、适应性。针对能源管理系统,昔榆公司再将能耗模型设计为分类、分项、分户模型,如图8-12、图8-13所示。具体而言,分类能耗按消耗的能源种类进行能耗数据的分类采集和统计;分项能耗按消耗能源的主要用途进行能耗数据的分项采集和统计;分户能耗按各类能源提供给不同能源消耗主体进行能耗数据的分户采集和统计。

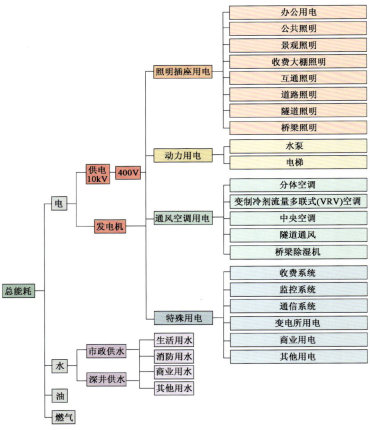

图8-12 能耗分类、分项模型

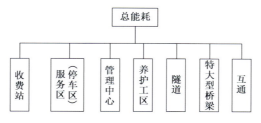

图 8-13　能耗分户模型

（三）自动化监控方案

昔榆公司对高速公路全线配电房中高压、低压进出线开关和母联开关进行遥测、遥信和遥控，对发电机、自动切换开关（ATS）进行自动化控制，结合配电房安全监控实现配电所智能化监控。通过测量电流、电压、功率、压力、温度等有关电能质量的数据，监控电气开关和设备、机械设备的工作状态和运转情况状态，实现开关柜、发电机的自动投切，设定及调整所控设备的工作参数、标准参数，监控并记录配电所的安全及设备的运行情况，同时具有防火防盗的功能。对变压器温度、母排温度等涉及电气安全的重要参数进行实时监测，发现异常故障及时报警。

通过配电智能化提高供配电系统管理的自动化水平，增强供电可靠性，改进电能质量，更好地保证供配电系统安全经济运行。

（四）新能源监控调度方案

1. 光伏发电监控

能源管理系统将控制逆变器的运行参数无缝接入，具备太阳能光伏发电系统产生电能的实时计量、各种电力参数实时在线监测、设备运行状态监测等功能，从而实现太阳能与建筑用能一体化管理，为节能效果验证提供参考数据。

2. 充电桩监控

对高速公路服务区中的充电桩进行分布式监控。智能充电桩通过自带的通信接口接入能源管理系统中，系统对智能充电桩运行状况进行监控，并安装多功能电力监控终端进行电能开关控制、计量和电能质量数据检测。

3. 光储充一体化协同调度和需求响应

根据昔榆高速公路的实际需求制定光伏、储能、充电桩等新能源的调度运行策略，包括可再生能源最大利用运行方案、经济效益最高运行方案、最低碳排放运行方案、最高保障运行方案，以及多种能源的协同控制策略。

三 交能融合示范

昔榆公司顺应清洁能源发展趋势,按照"自发自用、余电上网"的消纳模式,充分利用昔榆高速公路沿线的站区屋顶、边坡、互通枢纽等场地,开展光伏发电项目的规划和建设。根据位置的不同,选用单排多阵列支架形式和多排单阵列支架形式等不同类型的光伏组件,同时采用屋顶光伏、地面光伏、车棚光伏等不同形式,在保证站区屋顶防水及美观的前提下,尽可能提升光伏发电站的发电效率,为站区提供更多的清洁能源。当前,已在昔榆高速公路全线 14 座隧道进出口和 12 处场站屋面顶设置光伏发电板,如图 8-14 所示。

a)地面光伏发电板

b)车棚光伏发电板

图 8-14　光伏发电板的设置

第九章
CHAPTER 09

低碳运维数字化管理

为贯彻全寿命周期管理理念，昔榆公司在设计阶段便对高速公路的低碳运维进行了规划，主要包括低碳养护数字化管理、低碳运营数字化管理、恶劣天气安全通行解决方案、提升低碳运维管理数字化对策四个部分的内容，充分将数字技术赋能昔榆高速公路的低碳运维管理。

第一节　低碳养护数字化管理

一　管理架构

昔榆公司聚焦高速公路养护全场景，以养护数字化转型为目标，融合管理与技术要素，构建一体化养护业务与指标体系，强化业务价值导向，贯彻精益养护理念。将物联网技术、数据湖技术、云技术、数据中台技术等数字化技术应用于低碳养护数字化管理中，实现路产信息管理、养护项目管理、日常养护管理、机电养护管理、养护决策分析等功能。昔榆公司低碳养护数字化管理架构如图9-1所示。

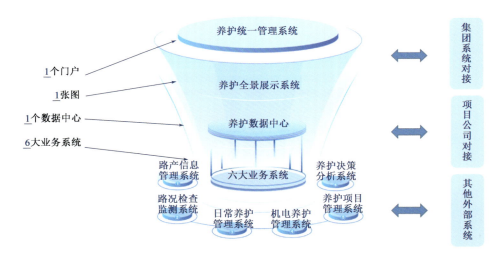

图9-1　昔榆公司低碳养护数字化管理架构

二　管理思路

随着新基建的快速发展，基于"人-车-路-环境协同"的智慧公路成为必然趋势，公路基础设施是智慧公路发展的基础。昔榆公司以公路工程专业技术为基础,以"统一领导、行业监管、专业养护、质量考核"为原则,基于北斗、云计算、物联网、智能传感、大数据、人工智能等新技术,优化升级高速公路养护技术与管理体系。昔榆公司低碳养护数字化管理思路如图9-2所示。由此可见,低碳养护数字化可为昔榆公司建立高质量管理体系、科学实施养护工程、保障公路运行通畅、提升路产经济价值提供有力技术支撑。

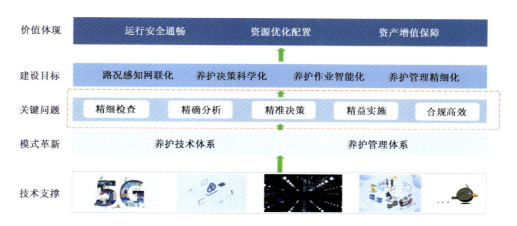

图 9-2　昔榆公司低碳养护数字化管理思路

因此,依托低碳养护数字化管理思路,昔榆公司实现了养护多方作业层、管理层、决策层业务协同,以此实现路况感知网联化、养护决策科学化、养护作业智能化、养护管理精细化。昔榆公司低碳养护数字化管理流程如图9-3所示。

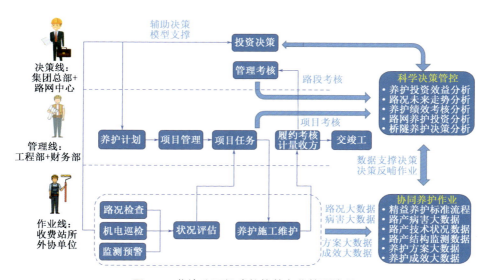

图 9-3　昔榆公司低碳养护数字化管理流程

三 数字化应用

(一) 数字路产管理

基于 BIM + GIS 的公路资产数据融合技术、数字孪生关键技术,提供图层、感知、仿真等服务,实现二维地图和三维实景地图的一体化平滑展示,以及多种形态的三维效果显示。结合路产数据,对昔榆高速公路基础设施进行精细化建模,融合管理、养护、运行、天气等综合数据,打造"路产一张图",激发数字管理效能,为实现智慧化与精细化的路产全周期动态管控提供可能,有效提高昔榆公司的运营服务水平。

昔榆高速公路"路产一张图"是将基于 GIS 地图的数据快速定位浏览,汇聚高速公路路线、构造物、安全工程、沿线设施等信息,实现远程视频监控、机电设备监测等信息实时查看和播放,桥梁、隧道、涵洞等实体以二维、三维以及实景等图层展现。

针对不同的设施,建立与现实相匹配的数字模型,实现多源数据融合与虚拟现实互动,并提供多样的可视化效果,满足昔榆公司对高速公路的整体态势与局部细节的全方位感知需求。同时,具备数据回溯、推演未来的能力,辅助昔榆高速公路运维的高效、精准管控。

(二) 养护工程项目

昔榆公司开展养护工程项目计划—开工—考核—验收—交竣工全寿命周期精细管理和工程过程、计量支付标准化管理。以日常养护、机电养护、专项养护(中修、大修)等养护工程项目为对象,融合精益敏捷管理思想与业财一体融合机制,建立养护计量支付体系、公司—业务—项目三层养护指标考核体系,规范计量支付管理,使养护工程项目流程清晰、责任明确、考核标准、过程可追溯。

(三) 日常道路养护

昔榆公司以路产养护为对象,建立从路况检查、养护计划、维修处治到质量验收完善的养护工程作业闭环,对巡检上报的病害或路损事件进行工单派发、维修记录、验收、计量等全过程管理,实现工程作业线与管理线的标准化、数字化与智能化养护联网作业。日常养护管理流程如图 9-4 所示。从养护工单流转和病害处治两个维度对日常养护作业进行全寿命周期管理,随时掌握日常养护任务执行情况。日常养护管理界面如图 9-5 所示。

(四) 路况检查监测

昔榆公司根据病害参数库、病害位置库、病害工程量、病害特征库、病害成因库、养护方案库等内容构建病害知识体系,规范养护业务,引导养护作业人员从源头规范病害相关信息,减少后续施工、验收、计量的复核工作量,提高路况养护质量和工作效率,降低管理成本。同时,基于病害知识体系、AI图像识别、智慧指引、物联网技术,实现日常检查、经常检查、定期检查、结构监测等的全业务检查监测。

图 9-4　日常养护管理流程

图 9-5　日常养护管理界面

昔榆公司的巡检人员借助"智慧巡查"App、智慧巡查车、无人机等智慧化手段重点对昔榆高速公路的运营和使用状况等进行日常巡查和经常检查,巡查轨迹、历史病害能够在平台中展示,借助智慧化手段,实现快速自动识别病害并统计,自动定位病害所处桩号并进行语音播报,同时对重大风险源进行分析诊断,巡查时拍摄内容可存储记录,提高现场巡检效率与客观性,如图 9-6 所示。

图 9-6　昔榆公司日常巡查与经常检查示意图

对于定期检查与特殊检查，昔榆公司采用 Excel 导入与检查系统对接两种方式进行数据采集。根据统计数据与病害检查结果对技术状况进行计算、复核，通过对异常数据进行阈值设定，实现重大病害实时报警。依托 GIS 地图展示路网病害分布，对各单元技术状况及时动态跟踪，将数据可视化，并以年度数据一张图形式展示，实现定检病害、技术状况、特殊检查结果、检查报告等数据管理。此外，为定检现场过程跟踪管理定制研发定期检查系统，覆盖检测单位作业端，规范现场作业、数据填报、项目管理，实现历年数据纵向对比分析。

（五）机电设备维护

采用自修、委外、立项、托管等多种模式，进行机电设备维护管理，并对昔榆高速公路的通信系统、监控系统、供配电系统、隧道机电、收费系统进行协同管理，实现在线巡检故障上报、维修单下发、备品备件申领、维修记录、维修验收等机电养护业务数字化、规范化管理，以及备件的动态管理。昔榆高速公路机电设备维护管理如图 9-7 所示。

图 9-7　昔榆高速公路机电设备维护管理

（六）科学养护决策

昔榆公司基于全寿命周期投资最省理念，实现在养护资金和路况指标双重约束下，辅助公路运营管理单位作出规划性、战略性的养护投资决策。具体而言，基于路面结构、路面环境、路面材料、交通量、降雨量、养护历史、养护单价、养护措施、养护策略等养护大数据,以自适应路面性能预测、智能决策单元划分、多因素决策优化模型、多目标养护决策模型等为支撑技术,生成路面养护需求分析、长期使用性能预测、养护预算分析以及养护方案等决策内容,进而开展养护计划上报、养护计划批复、日常养护、应急养护、中修养护、大修养护等养护工程计划管控与验证。昔榆公司科学养护决策流程如图9-8所示。

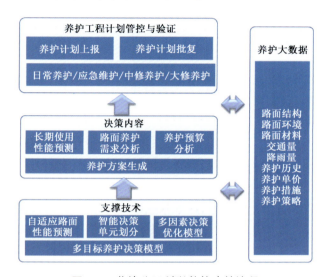

图9-8　昔榆公司科学养护决策流程

昔榆公司搭建养护驾驶舱,采用海量数据高效对接、多源数据融合计算的方式,从总部—项目公司—三级部门等层级针对性展示高速公路养护情况。其中,总部展示领导层面关心指标,项目公司与三级部门采用土建养护、机电养护、路产管理、项目管理等多个主题驾驶舱,进而实现多维度分析展示及灵活配置、异常关键指标实时预警等功能,建成总体状况、业务指标、养护台账、养护成效等数据体系,支撑落实养护计划,帮助管理人员掌握养护情况,提高养护管理能力。

第二节　低碳运营数字化管理

管理思路

低碳运营数字化管理平台聚焦昔榆高速公路运营管理全场景需求,消除"信息孤岛",解决行业痛点问题,实现对高速公路运维全要素的一网统管、一网通办。通过低碳运营数字化管理平台，促进昔榆公司管理标准化、信息化、精细化、智能化，帮助路段公司提高运营能力，有效提高昔榆公司管理决策效率和水平，助力高速公路运营数字化转型升级。昔榆高速公路数字化低碳运营管理目标如图9-9所示。

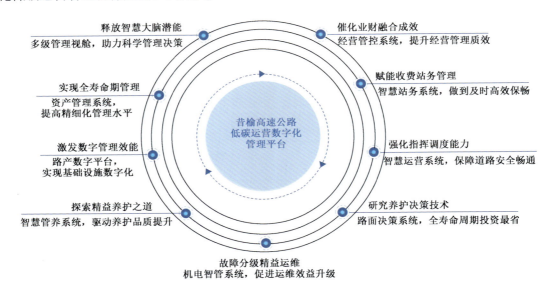

图9-9　昔榆高速公路数字化低碳运营管理目标

低碳运营数字化管理平台主要包括"云""座""台""图""N应用"，实现跨区域、跨部门管理。基于云服务，通过一个"技术底座"，提供强扩展的技术支撑；通过一个"数据中台"，驱动数据资源赋能业务发展；通过"一张图"，实现基于GIS的业务集成；通过一个"智能移动终端"，赋能基层业务人员工作效率提升；通过一个"门户建设"，实现一个网站、一个App、一次登录；通过"N个应用"，支撑昔榆高速公路日常运营全业务，如图9-10所示。

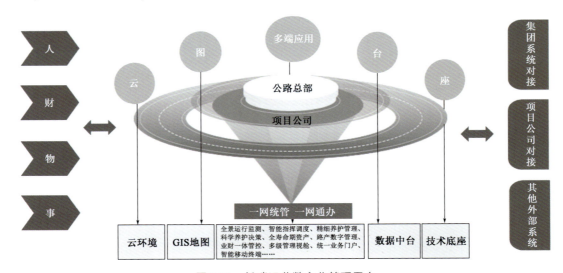

图9-10　低碳运营数字化管理平台

二 管理架构

昔榆公司选用先进的技术框架,以云原生技术体系为核心,重点打造昔榆高速公路物联网、视频云联网技术能力,可以实现高速公路主流设备、协议的快速、插拔式连接,以及各类视频的压缩、编解码、转码和推流等。同时,昔榆公司还集成了 BIM、GIS、高精度地图等时空技术能力,通过采集时空数据,结合指路标志发布诱导信息,主动引导驾驶员进行路径选择,平衡交通压力。同时,提出了更加适用于昔榆高速公路的精简版数据中台,实现数据转化加工和标准化工作,并具备关键数据的融合能力。

该平台通过云边端一体化分布式云统一管理底层基础设施;通过 K8s 容器技术统一云操作系统屏蔽底层资源差异,保障平台的运行环境,赋能平台快速高效部署;在应用层面,通过微服务应用框架统一应用标准,通过云边端一体化分布式云原生技术统一技术体系,通过 DevOps 统一研发过程,通过大数据湖统一数据体系,通过 AI 平台统一公路智能化服务,具体可分为以下层级。

一是设备/边缘层,包括部署在各收费站及各路段的摄像头、可变信息标志、交调站等边缘设备,此外,在边缘侧配备有机房、网络等物理资源。

二是 IaaS/PaaS 层❶,提供 IT 基础设施资源及各应用系统所依赖的平台及组件资源。IaaS 层用于提供计算、存储、网络及数据库资源;PaaS 层不仅可以提供程序运行环境、研发工具等基础能力,还可以提供公路物联网平台、视频云联网平台、公路业务公共组件、数据中台、时空路网 AI 引擎平台、公路业务流程平台等适用于高速公路的特色化 PaaS 平台能力。IaaS/PaaS 层功能实现如图 9-11 所示。

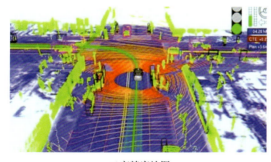 

a)高精度地图　　　　　　　　　　b)视频云平台

图 9-11

---

❶ IaaS:Infrastructure as a Service,基础设施即服务;PaaS:Platform as a Service,平台即服务。

c) BIM

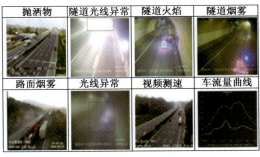
d) 交通AI

图 9-11　IaaS/PaaS 层功能实现

三是公共组件与服务层，以上述资源为基础，并结合昔榆高速公路实际业务场景，抽取出共享组件与公共服务，如待办中心、事件中心、规则中心等。

四是应用层，以数据为引擎，驱动业务创新应用，从资产、经营、运营、养护、决策等业务场景出发推动数字化建设，实现业务全覆盖，各模块（包括路产可视、智能养护、智能运行、资产管理、综合管理、多级管理视舱以及知识库）之间相互关联。

五是用户展示层，分计算机端与移动端，是运营管理应用系统统一访问入口。

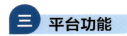
平台功能

（一）多级管理视舱

昔榆公司以精益管理思想为核心，以数据管理为驱动，围绕昔榆高速公路在运营中面临的"发现问题"和"辅助决策"需求，充分发挥数据资源价值，有效支撑业务决策并驱动管理提升，实现高速公路运营提质、降本、增效。通过对资产、财务、收费、运行、养护、关键绩效指标（KPI）等业务数据的采集、治理、分析、共享、展示，结合算法模型，实现实际业务的诊断、预测、告警。多级管理视舱支持多主题、多维度分析展示及灵活配置，实现异常关键指标实时告警、考核评价一键分析，满足领导对指标的管控、查询、分析等多样化场景，为管理人员提供翔实、全面的数据支持和精准科学的辅助决策。

（二）智慧运行管理

在智慧运行管理中，平台覆盖 11 个大类、84 个小类的运营事件处置全过程。基于全闭环指挥调度体系，围绕高速公路交通事件，实现指挥调度、清障救援、路损追偿、道路巡查、道路运行监测、视频云联网、站务任务管理等业务全过程管理，纵向协同路警企等多方角色联动，横向协同昔榆公司多部门作业，有效提升昔榆高速公路的运营管理水平，大幅提高交通事件处置效率。在提高通行效率的同时，进行一键多维度统计分析、效率指标统计分析，辅助管理人员科学决策,保障昔榆高速公路行车安全畅通。

(三)碳计量管理

基于现有的大数据基础及未来的交通大数据发展趋势,昔榆公司对昔榆高速公路运营期碳排放量进行动态化核算。基于现阶段的静态化的碳排放结果,将精细化的碳排放因子与集成化且动态更新的交通流活动数据结合,最终形成道路交通碳排放的动态化核算结果,并为后续交通碳排放动态分析、交通管控措施的定量化效果分析提供数据基础。

(四)资产管理

昔榆公司所辖资产具有数量大、种类多、价值高、管理分散等特点,因此,对办公用品、路产、养护、运营等数据进行全面整合梳理,构建"一产一卡片"档案,实现全资产数字化在线。资产管理业务覆盖昔榆高速公路路产设施、机电设备、办公用品等资产"入库—领用—归还—调拨—维修—处置"的全寿命周期管理,并将低值易耗品、在建工程、仪器设备、应急资产、路产养护档案纳入管理范畴,对不同类型资产采取不同管理方式,提升资产精细化管理水平。此外,属于财务固定资产的实物资产实现了与财务系统的打通,满足实物管理和账务管理的账实相符、账账相符要求。

(五)综合管理

昔榆公司基于综合管理管控体系,以业财融合为突破,结合移动办公、电子签章等,进一步实现对计划、采购、合同、考勤、结算、收入、绩效考核等业务的精细化管理。不仅横向模块间实现互联互通,纵向也可打通财务、招采、法务等外部系统,通过收入、成本两端融合,实现业财数据衔接、业务线上处理、业务单据一键追溯,达成财务流程一体化、业财数据标准化,充分发挥财务监督作用,让跨组织协同管控变得更简单、更高效,促进经营管理提质增效。

(六)知识库管理

在进行低碳运营数字化管理时,针对病害养护、运营事件、设备运维等内容建立专门的知识库,实现昔榆高速公路运营养护的协作与沟通。昔榆高速公路知识库包括病害养护知识库、事件知识库和设备运维知识库三大部分。

病害养护知识库包括病害知识库与维修知识库,提供病害参数、病害位置、病害特征、病害成因、养护方案、养护技术规范、维修清单。支持将历史养护方案录入、同步至知识库,支持知识的收集、汇总、分类、整理、存储和展示,并制定相关管理办法,周期性地对知识库内容进行梳理优化,不断完善知识库的规范性、可指导性和内容全面性。通过对病害养护知识库的应用,规范病害上报、存储、查询,匹配养护方案及相应的养护技术要求,指导养护施工及养护管理,规范病害养护过程,并辅助项目招标清单编制工作。

事件知识库由事件基础库、事件案例库和事件规则库组成。一方面,实现多源事件的融合,对交通事件进行统一定义、分类。另一方面,根据收集的事件处理记录及处理时效性分析,把事件处理效率高的记录追加到事件案例库中,可用于类似事件的检索,并可作为执行清障救援的年轻人员的培训内容。事件规则库由产生式规则组成,包括专家经验以及从案例库中得到的适合特定事件场景的有效处理规则,以便支持事件分析和执行规则调整。当然,随着事件记录的不断追加,事件知识库也在不断更新和优化。

设备运维知识库包括设备知识库、故障知识库、维修知识库、备件知识库。收集机电管理及第三方单位运维人员在对设备进行维保、维修的过程中总结出的经验,编制维修案例、经验分享等技术文档,并录入知识库,支持知识的收集、汇总、分类、整理、存储和展示,并制定相关管理办法,周期性地对知识库内容进行梳理优化,不断完善知识库的可指导性和内容全面性,为以后的维修保养工作提供借鉴。

四 数字化运营管理

(一)路桥链

路桥链是为探索区块链在交通基建领域应用而搭建的技术服务平台,目前已经完成区块链在质量安全追溯、电子档案管理、招采业务、供应链金融等方面的应用,实现全寿命周期可信管理,如图9-12所示。

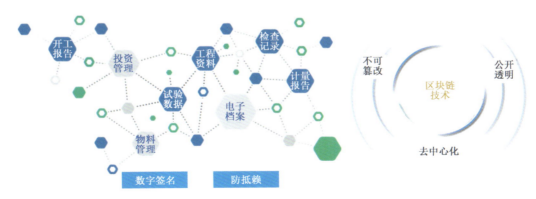

图 9-12 基于区块链技术的路桥链

(二)车道级管控

高速公路数字孪生是指通过数字技术模拟和复制真实的高速公路环境,将现实与虚拟世界相结合,实现对高速公路交通状态的实时监控和模拟分析。在高速公路上布设传感器、监控摄像头等设备,实时采集各类数据并传输至数字孪生系统,从而实现对高速公路交通状态的实时监控和模拟分析。数字孪生系统能够利用这些数据构建出高速公路的精确数字模型,结合实时数据进行实时模拟分析,从而实现安全感知与车道级管控,如图9-13所示。

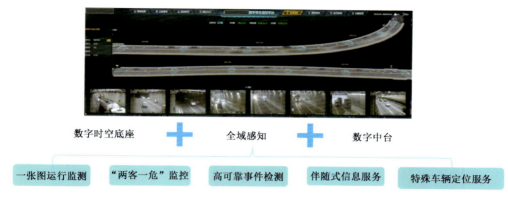

图9-13 基于数字孪生技术的安全感知与车道级管控

数字时空底座、全域感知和数字中台的结合可以为智慧交通管理提供全新的数据基础和决策支持,有助于提升交通运输效率、提高道路安全性,实现智慧交通的可持续发展。其中,数字时空底座指基于GIS构建的数字化交通基础设施,包括道路网络、交通设施、交通流数据等信息。全域感知是通过各种传感器、监测设备以及大数据分析技术,对昔榆高速公路交通环境进行全方位、多角度的感知和监测,包括交通流量、车辆位置、行驶速度、交通事故等信息的实时获取和分析。数字中台则是利用云计算、大数据、人工智能等技术构建的交通管理与服务平台,整合了各类交通数据资源,具备数据存储、处理、分析等功能,同时支持各种交通管理应用的开发和部署。

总体而言,基于数字孪生技术的安全感知与车道级管控是一种综合应用数字孪生技术和智能交通系统的方法,旨在提高道路交通的安全性和运输效率。在安全感知方面,通过数字孪生技术,可以实时监测和全域感知道路上的交通状况和安全隐患。传感器设备可以采集到车辆的位置、速度、加速度等信息,监控摄像头可以获取道路上的实时影像,完成一张图运行监测、"两客一危"监控以及高可靠事件检测。这些数据可以与数字孪生模型相结合,进行实时分析和预测,识别出潜在的交通事故风险,并及时发出警报或采取措施。在车道级管控方面,基于数字孪生模型和实时数据,可以实现车道级的交通管控。通过调整信号灯的时序、设置车道限速、开启/关闭车道等措施,优化交通流量,减少拥堵,同时确保道路安全。数字孪生技术还可以模拟不同管控策略的效果,提供决策支持,帮助交通运输管理部门制定最佳的管控方案,从而实现伴随式信息服务与特殊车辆定位服务。对应急响应和预测而言,数字孪生技术可以帮助预测交通事故和拥堵等突发情况,并及时采取应急措施。通过分析实时数据和模拟预测,可以提前发现潜在的交通问题,并根据情况调整管控策略,避免事故的发生或减轻其影响。

(三) 桥梁结构健康监测

针对桥梁运行安全风险问题，在昔榆高速公路各座桥梁尤其是特大桥处铺设了桥梁结构智能监测点，并增设激光位移传感器。通过桥梁监测系统，可动态掌握桥梁结构运行状态，实现对特殊事件的提前感知，保障桥梁结构安全。

(四) 隧道管理站智能监管

隧道管理站采集汇总智慧隧道照明、隧道火灾事故监测、隧道消防管道防漏智慧监测、智慧用电系统数据信息，实现建、管、养全寿命周期监管，打通数据信息，解决"信息孤岛"等问题，如图9-14所示。

图9-14　隧道管理站智能监管综合平台

1. 隧道智慧照明

昔榆公司采用隧道智慧照明控制系统方案，依赖于先进控制技术和控制方式，配置了照明控制配电箱，能实现现场人工控制和自动控制，并预留了远程控制模块，以实现对照明设施的远程控制。隧道照明灯具采用手动、遥控、时控三种方式进行控制，一般情况下采用遥控和时控方式，检修时采用手动控制。通过控制器局域网总线（CAN）通信技术和网线实现隧道照明系统的远程智能监控与管理，并在出口段、入口段、隧道内过渡段、隧道内部等处分段设置，自动进行分段照明控制。通过对隧道灯具及设备的电流、电压、功率等数据的检测，实现系统故障智能分析，针对灯具故障、终端故障、线缆故障、断电、断路、短路、异常开箱、线缆异常、设备状态异常等问题，系统也将实时报警。

2. 隧道火灾事故监测

隧道火灾事故监测智能化系统是隧道管理站智能监管综合平台的一个子系统，主要用于隧道火灾的监测和预警，确保隧道交通的安全性和稳定性。应用光纤光栅感温火灾探测系统、可视图像早期火灾报警系统、毫米波雷达检测系统，实现自动化监测隧道内火灾和交通事故，并对车辆、行人、抛撒物等目标进行事件监测、轨迹跟踪，实现隧道全天候风险自动识别、自动预警功能。毫米波雷达微波事件检测系统如图9-15所示。

图 9-15　毫米波雷达微波事件检测系统

3. 隧道消防管道防漏智慧监测

在隧道消防管道内配置高性能加速传感器和压力传感器,利用压差原理实时监测消防管网的压力、消防栓内水流状况、消防栓倾斜状况,综合判断隧道内消防栓腔体内水流状态,真正做到对隧道消防栓漏水或故障的实时监测和报警。

4. 隧道用电智慧监管

对隧道能耗的生产和使用情况(包括照明、风机等各类分项用电等的情况)进行动态监测和统计分析,实现能源的全方位、精细化监控和管理。对采集到的大量能耗数据进行分析,协助加强用能管理,进而降低能耗,也为昔榆公司针对性制定隧道运营节能措施、规划节能方案提供决策依据。

(五)智慧服务区运维

在进行智慧服务区建设时,昔榆公司以"科技 + 智能 + 人性"为宗旨,重点开展科技产品、服务功能、便民服务、绿色环保、场区亮化等部分的建设,见表 9-1。

昔榆公司智慧服务区建设　　表 9-1

科技产品	服务功能	便民服务
➤ 智慧路灯 ➤ 无线接入点 ➤ 高清智能摄像机 ➤ 地磁感应器 ➤ 智能断路器	➤ 智能停车场 ➤ 无线覆盖系统 ➤ 多媒体会议系统 ➤ 智能监控系统 ➤ 门禁系统 ➤ 广播系统 ➤ 智慧消防系统 ➤ 智慧卫生间 ➤ 智能电气管理系统	➤ 路况、天气等信息查询 ➤ 电动按摩椅 ➤ 应急按钮 ➤ 厕位监测、卫生纸及洗手液免费提供与补充提醒 ➤ 超市自助结账、自助咖啡厅 ➤ 服务评价屏 ➤ 仓库电子化管理 ➤ 自助点餐、送餐机器人

续上表

科技产品	服务功能	便民服务
绿色环保		场区亮化
➢ 太阳能路灯、光伏发电、电动车充电 ➢ 污水处理智能控制 ➢ 环境监测及自动处理 ➢ 室内温度检测及智能控制 ➢ 采暖远程智能控制		➢ 场区照明分区分功能智能控制 ➢ 场区广告屏设置 ➢ 场区主楼轮廓灯设置 ➢ 场区草坪灯

1. 智慧停车场

打造服务区智慧停车场，采用车位引导系统，对进出停车场的停泊车辆进行有效引导和管理。该系统可实现方便快捷停车，并对车位进行监控，使停车场车位管理更加规范、有序，提高车位利用率；车场中车位探测采用地磁探测器或视频车牌识别技术，对每个车位的占用或空闲状况进行可靠检测，管理系统将所有探测信息实时采集到系统中，系统通过计算机实时将引导信息反馈给每个引导指示信号器。

2. 智慧监控系统

智慧监控系统由前端和后端两部分组成，前端包括整套高清网络摄像机、人脸采集识别系统、报警客户端系统，后端包括存储及管理服务器。为此，昔榆公司依托智慧监控系统，对常规店铺、大厅（室内型球机）、窗口环境（宽动态功能的半球摄像机）、广场环境（360°全景跟踪摄像机）、治安防护预警（前端智能分析摄像机）等重点区域进行布设。此外，基于人脸识别技术，采用高清摄像机对各通道监控范围内的多个人脸同时进行检测、跟踪，并与大规模人脸数据库进行实时比对，实现快速身份识别，并提供24h监控与预警。

3. 智慧广播系统

服务区智慧广播系统采用数字语音广播技术，对餐厅、超市等配套的功能用房和室内外公共区域提供背景音乐广播等，以丰富驾乘人员在服务区的休闲活动。同时，该系统也可播放应急广播、业务广播、寻呼广播等，以便及时公布重要或紧急信息。

4. 智慧卫生间

智慧卫生间，即在物联网信息化、智慧化、数字化的加持下，通过实时监测、自动化设备和智慧化管理，改善公共卫生间的清洁度和卫生条件，提升用户体验，实现资源优化和环境保护。智慧卫生间系统包括卫生间使用引导、卫生间环境监测、卫生间设备管理、卫生间能耗管理、卫生间云端综合管理等技术手段，实现了卫生间设备管理、厕位监测与引导、环境监测与调控、除臭杀菌消毒、人流量统计、安全管理与防范、能耗管理等多项功能，为智慧服务区卫生间的环境卫生提供了科学、合理的管理手段，使服务区公共卫生间管理业务更加高效、智慧和有序。

5. 智慧灯杆

智慧灯杆可以根据高速公路服务区的实际需求挂载智慧照明、充电桩、视频监控器、Wi-Fi 热点、LED 信息屏、环境监测器等,提高高速公路服务区的管理水平,提高驾乘人员的出行体验,其概念图如图 9-16 所示。智慧灯杆的具体应用场景包括以下 4 项。

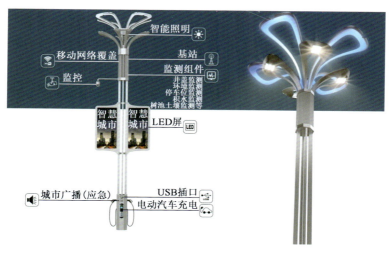

图 9-16 智慧灯杆概念图

一是信息发布与公共广播。智慧灯杆挂载的 LED 信息屏可以发布实时车容量、客流量情况,以便驾乘人员提前获取停车信息;通过智慧灯杆挂载的公共广播,还可在服务区实时播报紧急事件。

二是环境监测。挂载在智慧灯杆上的环境监测器,可以实时收集上报服务区的环境情况,并向旅客提供气象预警、积水预警等信息。

三是应急充电。新能源汽车车主最怕遇到的事情就是车开上高速公路后没电了,好不容易找到高速公路服务区,要么是没有充电桩,要么就是十几辆车排队等充电。目前,智慧灯杆+充电桩的应用模式已成为大趋势,可缓解我国新能源充电桩配备不足的难题。

四是人流、车流监控。假期,高速公路服务区车流量、人流量大,智慧灯杆上的视频监测系统可对各地段服务区人流量和车流量进行实时监控,提前对入区的车辆和人员进行引导分流,缓解节假日期间服务区车辆拥堵问题。

第三节 恶劣天气安全通行解决方案

昔榆公司针对雨、雪、雾等恶劣天气场景下的交通安全协同联动预警处置工作的不规范、不标准、不智慧等痛点问题,打通高速公路管理单位、高速公路交警、气象三方数据,并实现多方协同联动，最大限度地减少道路封路时间和封路里程，降低恶劣天气对道路交通安全的影响。按照恶劣天气分级预警管控机制，昔榆公司建立覆盖总队、支队、大队的三级管控体系，建设集恶劣天气综合感知、智能策略管控、综合分析评价等功能为一体的恶劣天气管控平台，实现安全管控策略的自动下发，对恶劣天气高影响路段实施精准管控与诱导，以达到拥堵警情降低、交通事故发生率降低、道路封闭次数减少、交通延误时间减少（简称"双减双降"）的目标。

一 架构设计

为实现不同等级下恶劣天气安全道路通行方案（含封道、分流、绕行、限行、限速等）和信息发布服务等，昔榆公司搭建了集恶劣天气综合感知、指挥调度、智能策略管控、信息发布、综合分析评价等功能为一体的恶劣天气管控平台，实现智能联动路侧设备。恶劣天气管控平台可分为6层，具体架构如图9-17所示。

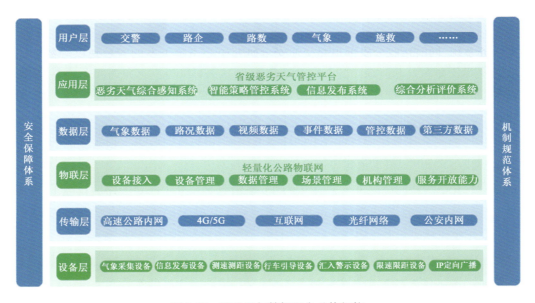

图9-17 恶劣天气管控平台总体架构

一是设备层，主要由路段已有设备和新建设备组成，总体分为感知类和管控类两类设备；感知类设备主要包括气象采集设备、测速测距设备等；管控类设备主要包括汇入汇出设备、可变限速设备组合告知屏、行车诱导设备、限速限距设备等。二是传输层，外场设备通过4G/5G网络、光纤网络、公安内网等方式联系上层轻量化物联网平台。三是物联层，物联层采用轻量化公路物联网平台，该平台具备物联协议接入、设备接入、设备管理、数据管理、场景管理、机构管理等功能,能够助力上层应用快速接入前端设备。四是数据层,数据层将前端设备产生的数据进行清洗、处理、存储,为支撑上层应用建设打好基础。数据类型主要包括气象数据、路况数据、视频数据、事件数据、管控数据和第三方数据。五是应用层,包括省级气象部门的交通气象服务平台和恶劣天气管控平台。交通气象服务平台从前端设备提取气象数据,并通过智能视频识别、热谱地图技术实现气象告警和气象预警,并将相关预警预报信息推送至恶劣天气管控平台,为恶劣天气事件管控提供数据支撑,省级平台接收到预警预报信息后,经研判,联动路段前端管控设备对恶劣天气发生路段进行管控。六是用户层,包括交警(交警总队、支队、大队)、路段、气象等多方用户。

二 部署方案

昔榆公司在部署恶劣天气安全通行解决方案相关设备时,将感知类设备和管控类设备部署于路段前端,并由路段公司、交警支队/大队自行建设,前端设备产生的数据通过互联网传送至省级恶劣天气管控平台,平台对数据进行统一加工处理。对恶劣天气高影响路段进行管控,并将路况数据和管控数据通过安全网关设备传送至公安部道路交通安全研究中心道路交通态势监测服务系统,同时接收公安部道路交通安全研究中心系统下发的管控建议等数据。恶劣天气管控平台部署方案如图9-18所示。

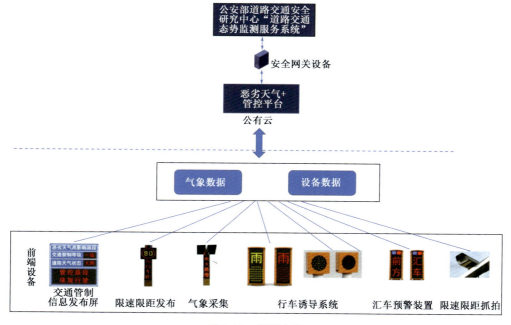

图9-18　部署方案

三 数字化应用

（一）恶劣天气综合感知

依托前端感知设备感知数据、互联网气象数据、国家预警信息发布中心数据，昔榆公司依据相关国家标准和行业规范，对高速公路的道路气象、实时路况、交通流量、异常事件等进行实时分级监测预警。

（二）管控信息发布

恶劣天气管控平台对恶劣天气预警信息进行研判后，昔榆公司对该类该等级的恶劣天气安全通行进行管控，通过物联网技术直联前端设备，发布提示预警类和交通安全管控类信息，实现精细化、阶梯化管控。

（三）智能策略管控

根据各种恶劣天气监测预警信息，基于智能管控策略算法，可自动触发、展示管控策略待执行内容，经昔榆公司确认后进行相关管控指令一键下发，大幅提高管控决策的科学性、精准性及高效性。

（四）综合分析评价

对实施管控策略有效性、可执行性相关指标进行全面分析，根据分析结果形成项目综合评价，并根据评价结果不断优化恶劣天气管控方案策略，实现安全管理水平的提升。

第四节 提升低碳运营管理数字化对策

一 完善运营管理智能决策支持

为提高决策效率，昔榆公司将数字技术与运营管理相结合，并对数字化运营平台进行优化，将运营管理过程中涉及的各种管理体系进行简化和整合，采用线上化运行的方式，构建日常运营管理关键流程体系。在此基础上，将管理人员的管理思路和业务运行的标准规范进行数字化呈现，只要在数字化运营平台中录入需要决策的事件或者触发某种类型的情况，平台对应算法就能够自动计算或给出决策建议，参考应用程序的结果即可进行下一步的工作，减少人员工作量和个人主观意识的影响。此外，外部环境和部分决策是不断变化的，相应地会导致内部环境和决策发生变化,在日常运营中,要强化业务评价和决策方法研究,持续优化昔榆高速公路运营管理流程的专业化、智能化能力。

二 建立业务"一路多方"机制

高速公路车辆的快速通行离不开高速公路交警、路政、企业的协同高效办公。在业务管理数字化能力方面,昔榆公司建立科学调度体系,在最广泛联合的基础上最大化地发挥高速公路的作用,实现效能的最大化。在实际工作中,昔榆公司进一步优化现有协同指挥调度机制,借助数字化平台建设"一路多方"协同指挥调度系统,实现关键业务的数字化、客服服务的在线化。建立交警、高速公路公司、路政等多个部门/单位的同步联动、信息共享机制;同时,整合打通昔榆高速公路的动静态信息资源,形成道路智能立体化感知体系、分级分类联勤响应体系和智能发布快速防控体系,为运营路段各类事件及时发现、快速分发和高效响应提供策略。

对于日常运营管理中出现的问题,昔榆公司借助"一路多方"机制,通过在线平台科学快速调度各方应急处置资源,实现对道路交通事件的高效闭环协同处置,为驾乘人员提供快速应急救援服务,最大程度提高道路畅行效率。通过全面加强应急处置协调联动的作用,改善高速公路通行环境,降低交通事故率。

三 提升道路安全通行能力

为避免发生安全事故,减少因车辆管控造成通行费收入下降,昔榆公司在高速公路两侧设立可变限速标志、雾灯等硬件设备,并与检测平台联动,引导车辆减速慢行,指引车辆行车路径。在信息发布方面,提高信息发布效率,利用物联网技术,通过多渠道信息采集及信息分类系统,将手机 App、可变信息标志、数字定向广播、官方公众号、互联网导航地图等多种发布渠道打通,实现基于策略库的一键管控,对各类信息进行智能发布,为社会公众提供全面、准确、及时的高速公路通行信息。

四 提升车路信息交互效果

昔榆高速公路结合高速公路多维物联感知技术,融合视频感知、气象环境、基础设施与资产、收费通行、车辆轨迹与驾驶行为等交通数据,建立通行信息决策模型,预测昔榆高速公路运行态势和运行风险,制定更加精准的通行信息投放策略。针对道路通行异常的情况,基于智能分析预测模型,如果核实为发生事故,则通过数字化平台将信息同步至高速公路路段 LED 可变信息标志，个性化显示各种交通标志和文字信息，提前对过往车辆进行交通诱导；同时，以可变信息标志形式加强广播通知，禁止其他车辆在应急车道上通行，确保救援力量能够及时到达，最大限度地降低交通事故对交通的影响，特别是避免二次事故的发生。在此基础上，实现人、车、路协同的综合感知体系，以提高可变信息标志发布信息的准确性和有效性，提升车主对道路运行情况的了解程度和道路安全保障水平。

第十章 CHAPTER 10

"党建+"品质工程建设

第一节 "党建+"品质工程文化建设

一 党史学习教育

(一)党委理论学习中心组学习

昔榆公司党委认真落实《中国共产党党委(党组)理论学习中心组学习规则》的要求,坚持以习近平新时代中国特色社会主义思想为指导。昔榆公司党委理论学习中心组采用集体学习、专题研讨、读书班等学习方式(图10-1),学习党的二十大精神及相关政策,进一步健全学习机制,注重实效,深入推进学习型党组织建设工作。同时,理论学习中心组积极组织开展"新思想在山西""党的二十大精神"宣讲活动,推动党的思想与项目工程建设相融合,将优良学风和学习成效带到项目建设中,推动项目建设向速度型、质量型、智慧型方向发展。

图 10-1 集体学习

(二)搭建"微平台",开辟党建新阵地

创建"山西交控路桥集团昔榆公司"微信公众号,借助微信公众平台,在线动态延伸党建服务,线上线下相结合,打造"指尖上的党建"新阵地,实现党建日常活动的信息化管理和智慧化实施。同时,昔榆公司党委借助微信公众号,动态发布理论学习和时政要点等信息(图10-2、图10-3),拓宽知识宣传渠道,丰富党员学习内容,提高党员学习的灵活性与趣味性,取得显著成效。

图 10-2　理论学习　　　　　　　　图 10-3　时政信息

(三) 专题安全教育活动

专题安全教育活动是对党员干部进行思想教育的大平台。昔榆公司党委将专题教育活动与"两学一做"学习教育、"三严三实"专题教育相结合,进一步增强项目职工的理想信念,激发爱岗奉献的工作积极性。昔榆公司特别开展了专题安全教育活动,并对作业人员进行岗前安全培训(图10-4、图10-5)。

图 10-4　专题安全教育活动　　　　　　图 10-5　岗前安全培训

二　特色党日活动

昔榆公司党委组织开展特色党日活动,搭建党员活动平台,促进党员活动常态化,不断提高党员的党性意识、责任意识和宗旨意识。通过重温入党誓词、观看红色电影、组织专题宣讲活动等主题党日活动(图10-6～图10-8),充分利用昔榆高速公路周边的红色资源,为项目建设汲取精神力量,为项目难题攻关提供思想指导。昔榆公司党委全力打造一支"能吃苦、能战斗、能奉献"的昔榆建设者队伍,助推项目建设数字化、信息化、智慧化,不断提升项目的"含金量""含新量""含智量"。

图 10-6　重温入党誓词

图 10-7　观看红色电影

图 10-8　专题宣讲活动

三 "青年文明号"创建

昔榆公司党委积极推进"青年文明号"创建工作,引导、开展共青团主题活动、青年志愿者活动,组建青年突击队。在项目建设中,注意职工梯度配备,进行职工队伍的老、中、青搭配,形成"党员带青年"的工作局面,既推动了工作经验的传承与交流,也加强了团组织建设,充分发挥团员青年生力军、突击队作用。

第二节　"党建 +"产业工人队伍素质建设

一 劳动竞赛

昔榆公司党委结合季度劳动竞赛考核,将党建工作同各单位工程管理、技术管理、安全质量环保管理等工作深度融合、齐抓共考。劳动竞赛以比政治站位、比作用发挥、比担当作为为中心思想,把劳动竞赛活动与全面完成攻坚目标相结合,充分发挥党建引领作用,加强项目业务管理水平,在各参建单位掀起"大干快上"的建设高潮。

组织举办"奋进新征程　建功新时代"劳动竞赛第二阶段暨"六比六赛"活动(图10-9、图10-10)。昔榆公司全线干部职工以此次活动为契机,立足新发展阶段、完整准确全面贯彻新发展理念、构建新发展格局,全面学习贯彻党的二十大精神,以"逢山开路、遇水架桥"的精神解放思想放开干,以"踏石留印、抓铁有痕"的劲头步步为营扎实干,以"越是艰险越向前"的斗志奋发图强主动干,不断谱写新时代昔榆高速公路建设新篇章。

图10-9　劳动竞赛开幕仪式

图10-10　劳动竞赛颁奖仪式

二　职业技能竞赛

为贯彻落实昔榆公司高质量发展战略部署,深入实施质量提升行动,弘扬"追求品质卓越、崇尚质量第一"精神,组织开展2022年"质量月"技能比武大赛(图10-11、图10-12)。来自工作一线的27名选手充分利用竞赛平台一展身手,在试验检测技能、机械操作技能、水准测量技能3项中激烈角逐,充分展示了昔榆高速公路参建者精湛的业务能力和高超的技术水平。

图10-11　2022年"质量月"技能比武大赛开幕

图10-12　2022年"质量月"技能比武大赛颁奖

昔榆公司将以此次"质量月"技能大比武为契机，以赛促优，确保工程质量，以赛促安，强化工人安全意识，以赛促建，工程全面大干快上，助推昔榆高速公路平安百年品质工程建设。

三 产业工人幸福小镇

昔榆公司对后勤管理工作的分类做了重点规划，建立信息化数据库，如区域分配、食品供应、人员调度、卫生管理、水电气费用缴纳等。此外，对食材和劳保用品的采购、使用和保管三个方面的工作进行严格管控，将工作责任到人，避免滋生腐败，同时，在模块中实时更新管理数据，便于管理人员决策管控。对劳务工人进行住宿分配管理，记录劳动用品的实时领取发放信息，实现"一卡通"在项目的消费应用。

加强后勤管理，做到"五小"设施（办公室、食堂、卫生间、浴室、宿舍）齐全，保证工人正常的工作生活需求。加强劳务人员食堂等的卫生管理，严格执行有关食品卫生的法律法规要求，保证劳务人员的食品卫生和健康，杜绝食物中毒现象发生。落实消防安全检查制度，安全隐患得到整改，整改率达100%，确保没有火灾、爆炸等灾害事故的发生或者发生事故没有造成死亡、重伤、重大经济损失。做好个人劳动保护用品的发放和管理工作，保证劳务人员配备合格的劳动保护用具，真心实意为劳务人员办好事、办实事。

人脸测温门禁和视频监控系统保证了产业工人幸福小镇的安定有序（图10-13），干净整洁的宿舍、厨房、餐厅、洗浴室、洗衣房、卫生间让工人感到家的和谐温馨。设立零利润超市，推广安全质量积分兑换制度；定期邀请医生、理发师坐诊理发，满足工人的日常生活需求；储备应急救援物资，配备健身器材，增强产业工人应急救援能力，丰富产业工人业余生活。

图10-13 幸福小镇

四 班组管理

（一）基层党组织全覆盖

党的基层组织是党在社会基层组织中的战斗堡垒，是党的全部工作和战斗力的基础。昔榆公司党委严格落实《中国共产党国有企业基层组织工作条例(试行)》工作要求，遵循"应建必建、应建尽建"原则，坚持把支部建在项目上，实现组织设置和党员岗位的全覆盖，为扎实推进党建工作项目化管理夯实基础。

（二）基层党员干部选拔与人才培养

昔榆公司党委严格选拔政治立场坚定、工作先进、群众基础好的党员担任支部书记、支部委员，明确支部书记履行党建工作第一责任人职责，支委班子其他成员履行党风廉政建设"一岗双责"。为此，昔榆公司党委不断加大人才教育培养力度，充分发挥人才效能，积极开展专业技能培训（图10-14），强化队伍工作能力及专业素养。此外，昔榆公司还在项目一线发展党员（图10-15），力争把业务骨干培养成党员，把党员培养成业务骨干。

图10-14　专业技能培训

图10-15　基层党员干部选拔

第三节　"党建+"管理人员素质建设

一 党风廉政建设

（一）党风廉政建设目标

昔榆公司党委推动不敢腐、不能腐、不想腐体制机制建设，助推打造"廉洁昔榆"品牌，营造风清气正的建设环境。昔榆公司党委持续深化"三转"（转职能、转方式、转作风），严格落实

"两个责任"(党委负主体责任、纪委负监督责任),构建"六个破除、六个着力、六个坚持"的廉洁保障体系,以解决思想问题、违纪问题、制度不足问题、作风问题、监督缺失问题、纪检队伍问题六个方面为切入口,全方位提高党风廉政建设质量。

(二)廉政风险防控工作体系建设

在昔榆公司党委的正确领导下,全面落实廉政风险防控工作体系建设,为昔榆高速公路建设提供了坚强的纪律保障,具体要做到以下四点。第一,机关守廉。领导班子成员要廉洁履职、爱岗敬业,将"一岗双责"落实到位,提高群众信任度,形成过硬的工作作风。第二,制度固廉。建立健全党风廉政建设的各项规章制度,构建用制度管权、按制度办事、靠制度管人的长效机制,形成科学有效的制度体系和约束机制。第三,文教育廉。基层党组织要深入开展廉洁文化活动,切实加大党风廉政建设的宣传教育力度,引导党员干部牢固树立遵纪守法、崇廉尚洁理念。第四,监督保廉。坚持党内监督和群众监督相统一,紧盯"关键少数",开展常态化监督检查。

(三)保证廉政监督

群众监督是全面从严治党的重要武器,是密切党群干群关系的有力抓手。为保证廉政监督、畅通监督渠道,昔榆公司党委重点采取了两项措施:第一,加强廉政监督宣传工作。首先,在深化理论阐释上做文章,注重理论性和实践性相统一,牢牢把握党风廉政教育宣传的正确政治方向、舆论导向和价值取向。其次,在创新宣传方式上力求突破,坚持内外宣传并重,拓展传播渠道。将党风廉政监督宣传与党日活动等思想政治建设活动相结合,推动实现资源内容通融、信息成果同享、宣传旋律共鸣。第二,畅通廉政监督渠道。昔榆公司党委建立健全"信、访、网、电"四位一体信访举报受理体系,确保检举控告的信息"流得进""流得畅""流得其所",发挥群众监督作用,为党风廉政建设提供有力支撑。

(四)廉洁队伍建设

昔榆公司党委不断强化廉洁队伍建设,夯实党风廉政建设的基础。首先,昔榆公司党委树立选人用人的正确导向,以"对党忠诚、勇于创新、治企有方、兴企有为、清正廉洁"为标准,充分发挥党委的领导作用,在选人用人时严格把关,防止出现"带病上岗"的现象。其次,昔榆公司党委稳抓"关键少数",强化对领导班子的监督,充分发挥领导干部的带头示范作用。最后,昔榆公司党委建立党员干部廉洁动态研判机制,摸排重点岗位的廉政风险点,制定重点岗位的廉政风险识别及防控措施表,针对重点岗位、重点部门(如项目经理、项目总工程师、财务部等)提出具体的廉政风险识别和防控措施,并适时预警,强化廉洁情况的跟踪分析。

(五)弘扬新时代廉洁文化

昔榆公司党委深入贯彻落实中共中央办公厅印发的《关于加强新时代廉洁文化建设的意见》,从培育价值理念入手,深入挖掘文化资源,推动昔榆公司的廉洁文化建设。首先,深化领导班子理想信念教育,发掘项目建设当中的廉洁因子,将其与企业文化、职业道德教育相结合,形成具有昔榆公司特色的廉洁文化,构建"廉洁昔榆"文化品牌。其次,将廉洁文化建设与群众性精神文明创建活动紧密结合,并纳入创建测评体系,进一步将廉洁文化建设深入到昔榆高速公路的建设之中。最后,充分利用微信公众号、抖音号、外部新闻媒体,开设"廉洁国企、风清气正"相关专栏,多角度宣传、持续推进廉洁文化深入发展,实现廉洁文化在昔榆高速公路建设中的全覆盖。

一名党员就是一面旗帜,昔榆公司的各个党支部在"1235"党建工作法的指引下,以高质量党建引领高质量发展,切实把党组织的政治优势、思想优势、组织优势和群众优势转化为昔榆公司的竞争优势。昔榆人将持续奋斗,致力于打造一条绿色、品质、平安、智慧、廉洁、美丽的高速公路。

二 党建活动开展

(一)"喜迎二十大 奋进新征程"主题党日活动

在党的二十大即将召开之际,为进一步发挥党建引领作用,推动党史学习教育常态化长效化,激励广大党员干部踔厉奋发、勇毅前行,2022年9月5日,昔榆公司机关第一党支部联合第二党支部赴晋中市家风家训馆合一文化园开展"喜迎二十大 奋进新征程"主题党日活动(图10-16)。

图10-16 "喜迎二十大 奋进新征程"主题党日活动

通过此次主题党日活动,引导机关全体党员干部在感怀先辈精神中不忘初心,立足岗位,以更宽更高的视野谋划工作,以扎实有效的举措推动工作,以勇担责任的魄力落实工作,不断开创昔榆高速公路全方位高质量发展新局面,以优异成绩迎接党的二十大胜利召开。

(二)"绿化正当时　党员先锋在行动"联合主题党日暨义务植树活动

2023年3月10日上午,在第45个植树节来临之际,昔榆公司机关第一党支部、第二党支部联合山西交控集团共享事务中心第四党支部和机关第十三党支部开展"绿化正当时　党员先锋在行动"联合主题党日暨义务植树活动(图10-17),用实际行动践行绿色发展理念,为美丽昔榆建设增绿添彩。

图10-17　"绿化正当时　党员先锋在行动"联合主题党日暨义务植树活动

绿色孕育可持续的发展动能,正在成为昔榆高速公路高质量发展的鲜明底色。本次植树活动,增强了党员干部的生态意识、环保意识,提升了党支部、团支部的凝聚力和战斗力,展示了大家争做生态文明建设表率的良好形象。大家纷纷表示,将会以此次党日活动为契机,宣传引导广大群众共同参与生态环境保护,带头在昔榆高速公路全线形成爱绿植绿护绿的良好氛围。

(三)"缅怀先烈忆初心　砥砺奋进强党性"主题实践活动

为进一步发扬革命传统、继承先烈遗志,2023年4月6日,昔榆公司党委组织开展"缅怀先烈忆初心　砥砺奋进强党性"主题实践活动(图10-18)追思革命先辈,缅怀革命先驱。

此次活动使广大干部职工接受了一次深刻的思想教育和灵魂洗礼,昔榆公司全体干部职工将以本次活动为契机,全面贯彻落实党的二十大和全国两会精神,牢记初心使命,永葆忠诚本色,继续沿着英雄的足迹接续奋斗,以更加坚定的步伐、更加昂扬的姿态推动昔榆高速公路高质量发展取得新成效。

图 10-18 "缅怀先烈忆初心　砥砺奋进强党性"主题实践活动

(四)"凝心铸魂跟党走　实干担当建新功"主题户外拓展活动

为大力弘扬五四精神,激励广大青年用奋斗践行青春誓言,凝聚新时代青年力量,2023 年 5 月 4 日,昔榆公司党委联合工会、团委开展"凝心铸魂跟党走　实干担当建新功"主题户外拓展活动(图 10-19)。

图 10-19 "凝心铸魂跟党走　实干担当建新功"主题户外拓展活动

此次活动以"党建带团建"的形式开展,通过"健步如飞""凝心聚力　谁与争锋""齐心协力向前冲""熔岩过河""翻山越岭"等活动项目,全体干部职工听从指挥、配合默契、凝心聚力、攻坚克难,经历了体力与意志的双重磨砺,最终逐一挑战过关。

(五)"学思想　强党性　重实践　建新功"联合主题党日活动

为深入学习贯彻习近平新时代中国特色社会主义思想,系统完整领会习近平总书记历次考察调研山西重要讲话重要指示精神，2023年7月1日，昔榆公司机关第一党支部、第二党支部组织党员、发展对象、入党积极分子、团员青年赴平遥开展"学思想　强党性　重实践　建新功"联合主题党日活动（图10-20）。

图10-20　"学思想　强党性　重实践　建新功"联合主题党日活动

活动中，大家结合昔榆高速公路工作实际，围绕"追随习近平总书记足迹，重温习近平总书记重要指示"这一主题，进行了研讨交流。大家纷纷表示，要紧紧围绕"学思想、强党性、重实践、建新功"主题教育总要求，主动投身到昔榆高速公路建设当中，保持不怕难、敢担当的作风，在矛盾冲突面前敢于迎难而上，在危机困难面前敢于挺身而出，为山西路桥集团全方位推动高质量发展贡献昔榆力量。

(六)党日主题教育

2023年8月11日，昔榆公司机关第一党支部、第二党支部组织开展2023年8月主题党日暨主题教育第五次集中学习，就主题教育相关内容进行集中学习，如图10-21所示。

会议指出，一是学深悟透，领会理论学习的精髓要义。主题教育开展3个多月来，习近平总书记通过四次地方考察调研，分别对以学铸魂、以学增智、以学正风、以学促干四方面内容作出深刻阐释，提出明确要求，为广大党员干部上了生动的党课，要及时跟进学，时刻与以习近平同志为核心的党中央保持高度一致。

二是学以致用，用先进理论指导经营实践。广大党员干部要坚持用党的创新理论指导实践，将学习成果转化为工作实绩。紧紧围绕年底小循环建成的任务目标，以强化理论学习指导发展实践，以深化调查研究推动解决发展难题，把学习和调研落实到完成党的二十大部署的各项任务中去，以推动高质量发展的新成效检验主题教育成果。

图 10-21　集中学习

三是以学促干,推动高质量发展取得实效。全体党员干部主动担当、攻坚克难,在安全生产、技术攻关、质量管控、智慧建造等方面完成了一项项重大攻坚项目,党组织战斗堡垒作用和党员先锋模范作用得到充分发挥,主题教育取得实实在在的成效。

 精神文明创建

昔榆公司党委积极联合昔榆高速公路沿线地方市县团委、总工会,通过举办慰问演出、技能比武等活动,不断创新党建带群团活动形式,大力推进开展精神文明创建工作。为此,昔榆公司党委与晋中市总工会联合组织技能比武大赛 2 次,承办第一届"路桥杯"技能比武大赛并荣获团体二等奖。通过本次活动,进一步弘扬了"追求品质卓越,崇尚质量第一"的精神,激发了技能人才创新、创效、创造活力,为向社会、行业培养输出更多素质高、业务精、技能强的专业人才提供了坚强保障。

第四节　"党建+"企业竞争力提升

 召开第六届平安百年品质工程交流会

为深入贯彻落实习近平总书记关于"精品工程、样板工程、平安工程、廉洁工程"的重要指示精神,促进行业典型经验交流互鉴,促进公路建设高质量发展,2023年9月22日下午,第六届平安百年品质工程交流会暨山西昔榆高速公路绿色智慧双示范工程现场观摩会(图10-22)在昔榆高速公路成功召开。来自全国交通运输行业和公路建设领域的专家、学者、企业家共200余人进行现场观摩。

图10-22 召开品质工程现场观摩会

观摩人员首先走进昔榆高速公路智慧建设管理中心(图10-23),通过廊厅、沙盘,到达指挥舱,后方屏幕上数十个小屏幕对应着工地上重点管理区域,展示着工人们忙碌的身影、飞舞的焊花、矗立的塔式起重机和壮观的桥梁……

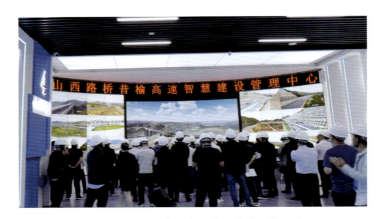

图10-23 观摩昔榆高速公路智慧建设管理中心

作为山西省交通运输厅智慧建设和BIM技术应用示范项目,昔榆高速公路紧紧围绕山西交控集团、山西路桥集团数字化转型理念,运用大数据、云计算、5G+、物联网等技术,打造了智慧建设指挥中心。该中心有四大功能:施工监控监测、智能指挥调度、信息采集分析和信息互联共享。

接着,观摩人员来到植物微生态修复观摩点(图10-24),苗圃长势旺盛,现场绿意盎然。利用植物微生态修复技术栽植各种植物,存活率高,既解决了农业固废问题,又固化坡面,营造自然景观。昔榆高速公路坚持"绿水青山就是金山银山"的理念,打破以往传统圬工防护形式,根据太行山区地质复杂特点,全线边坡防护根据不同的地质情况采取了不同的防护+绿化形式。同时,从固废利用、永临结合、弃土造地、"三集中"场站、装配式施工、新能源建设、光伏发电、特色服务区、质量管理方面进行技术创新和实践探索。

图10-24 观摩植物微生态修复

最后,观摩人员来到无人摊铺施工现场(图10-25)。无人摊铺碾压设备沿着预设的区域,精准控制车速、方向,力度恰当,赢得参观人员交口称赞。昔榆公司秉承"机械化换人、自动化减人、智能化无人"的新理念、新模式,采用路径规划、自动驾驶、3D自动找平、智能摊铺压实等工艺进行施工,有效提升效率,保证质量,并将无人摊铺和碾压的温度、速度、厚度以及碾压遍数等数据全部传回智慧管理中心,采用智慧管控手段,在拌和站控制室安装数据采集系统,在运料车上安装北斗定位模块,全面推进智慧路面建设。

图10-25 无人摊铺施工现场观摩

本次观摩会是一场高层次、高水平的交通运输行业专题性会议,是贯彻落实党中央、国务院《交通强国建设纲要》《质量强国建设纲要》的具体举措。项目开工以来,昔榆公司深入推进平安百年品质工程创建工作,坚持打造全国绿色、智慧、品质示范项目,实现由量的扩张到质的跨越的历史性转变,得到了与会领导和嘉宾的一致赞誉,也给同行留下了深刻印象。昔榆公司将以此次观摩会为契机,推动项目建设再提速、公路品质再提升,为建设交通强国作出更多贡献。

二 "1235"党建项目化管理

在新形势、新要求背景下,为全面实施"1235"党建项目化管理,助推打造昔榆特色党建品牌,昔榆公司党委创新性地将项目管理方法引入党建工作中并展开实践。昔榆公司党委推进"1235"党建项目化管理,推动党的领导融入公司治理制度化、规范化、程序化之中,推动党建工作与中心工作深度融合,助推公司经营管理发展开新局、创佳绩。同时,激发党建工作创新发展,助推党建工作转换思维,以新理念谋划新思路、展现新作为。在党建引领下,昔榆公司荣获制度体系、成本控制等专项考核"优秀单位"荣誉称号(图10-26、图10-27)。

图10-26 专项考核(制度体系)优秀单位

图10-27 专项考核(成本控制)优秀单位

昔榆公司党委始终坚持党的领导,紧紧围绕昔榆高速公路建设,落实"两到一品"和"1235"党建项目化管理要求,聚焦系统提升,并将提高项目建设效益、增强竞争实力作为党建工作的出发点与落脚点,推动党建与项目深度融合。昔榆公司党委始终秉持"管理+服务"理念,强化安全管控、科技创新,坚持品质塑造与数智建造,打造"党建+N"("党建+成本控制""党建+制度体系""党建+智慧管理""党建+进度管理"等)工作理念,使得项目建设达到管理标准化、运行数字化、生产智能化、经营集约化要求。

三 党员突击队深入项目建设

昔榆公司党委鼓励组建党员先锋队、党员突击队、党员示范岗,设置党员责任区,瞄准解决急难险重问题。昔榆高速公路全线共设有22个党员先锋队、54个党员责任区、48个党员先锋岗、47个党员示范岗、34个青年突击队、43个工人先进班组,确保能够及时发现解决项目建设中的问题,尤其是重大控制性工程中的痛难点问题,引导广大党员干部在项目建设中争优创先、攻坚克难、开拓创新,为昔榆高速公路的高质量建设作出贡献,如图 10-28 所示。

图 10-28　党员突击队深入项目建设

品质工程数字化是昔榆公司响应国家公路数字化转型的重要举措,也是提升公路建设与运营管理服务水平的重要手段。通过深度融合数字技术,以工程全寿命周期数字化管理平台为核心,在工程设计、工程管理、工程技术创新、工程质量、安全保障、绿色环保等方面取得了显著成效,推动公路交通的数字化、智能化发展,为构建现代化公路基础设施体系、加快建设交通强国贡献昔榆力量。

参 考 文 献

[1] 傅耘.高速公路车路协同网络运维方案探讨[J].中国交通信息化,2023,(5):89-91,101.

[2] 叶海涛.高速公路机电系统运行状态智能监测平台[J].中国交通信息化,2023,(7):94-97.

[3] 谢琳琳,陈雅娇.基于BIM+数字孪生技术的装配式建筑项目调度智能化管理平台研究[J].建筑经济,2020,41(9):44-48.

[4] 陈孝强,林广泰,杜海龙,等.三维数字化公路工程管理信息系统研究与应用[J].公路,2023,68(4):263-267.

[5] 王艳彤,苏义坤,苏伟胜,等.高速公路建设进度智慧化管理效果评价[J].科学技术与工程,2021,21(30):13071-13077.

[6] 宫志群,王永志,廖少明.基于数字孪生的建设工程项目管理数字化[J/OL].土木工程学报,1-15[2024-03-22].https://doi.org/10.15951/j.tmgcxb.23040317.

[7] 李华,张旭旭,高红,等.智慧工地本质安全度评价方法研究[J].中国安全生产科学技术,2022,18(1):139-145.

[8] 刘创,周千帆,许立山,等."智慧、透明、绿色"的数字孪生工地关键技术研究及应用[J].施工技术,2019,48(1):4-8.

[9] 付旭,张友恒,周慧文,等.数字孪生智慧梁场功能需求分析与系统架构研究[J].土木建筑工程信息技术,2023,15(1):19-24.

[10] 唐海英,黄胜,孙辉,等.公路施工企业ERP与现场物料管理深度融合的应用研究[J].公路,2020,65(2):199-204.

[11] 刘祖雄,申祖武,王军武.基于BIM技术的桥梁工程施工材料精细化管理[J].中外公路,2018,38(1):312-317.

[12] 郑炜,林佳瑞,杨程,等.工程监理人员绩效智能评价方法研究综述[J].图学学报,2021,42(6):1002-1010.

[13] 史占宽,乔文涛,冷平,等.基于web平台的二维码技术在施工管理中的应用研究[J].建筑结构,2017,47(S1):1193-1196.

[14] 曾磊,彭玉珍,王青娥.高速公路品质管理关键驱动因素及关联路径研究[J].公路,2024,69(3):259-266.

[15] 睦文飞.翔安大桥平安百年品质工程建设管理与实践[J].公路,2022,67(11):283-286.

[16] 喻登科,吴文君,费伦林,等.大型工程项目品质工程建设场景中的微创新研究[J].科技进步与对策,2024,41(6):21-29.

[17] 林鸣.建造世界一流超大型跨海通道工程——港珠澳大桥岛隧工程管理创新[J].管理世界,2020,36(12):202-212.

[18] 朱合华,窦世琦,沈奕,等.基于数字技术的交通隧道工程低碳发展理念与思考[J].现代隧道技术,2023,60(6):1-10.

[19] 傅志寰,翁孟勇,张晓璇,等.我国智慧公路发展战略研究[J].中国工程科学,2023,25(6):150-159.

[20] 滕宇,赵勇.高速公路机电工程的智慧供电设计[J].公路,2021,66(5):210-212.

[21] 刘刚,朱莉,蒋贵川.基于KNX技术的高速公路隧道智慧照明系统[J].隧道建设(中英文),2021,41(S1):281-287.

[22] 强蓉蓉,刘志强.高速公路服务区智能化运营设计[J].公路交通科技,2022,39(S2):136-141.

[23] 《中国公路学报》编辑部.中国路面工程学术研究综述·2024[J].中国公路学报,2024,37(3):1-81.

[24] 程方圆,姚国明,奎永才,等.集成GIS/BIM的公路隧道数字化管理研究及应用[J].隧道建设(中英文),2019,39(12):1973-1980.

[25] 刘志强,谭勇,夏立爽,等.公路交通设施能源供给现状与需求分析探讨[J].公路交通科技,2022,39(S2):353-358.

[26] 黄烨然,李宏海,李茜瑶,等.面向公路资产管理的基础设施数字化平台构建[J].公路交通科技,2022,39(S1):123-129.

[27] 温郁斌,张静晓,孙艳鹏.基于粉碎性黄土环境的弃渣砂岩在混凝土中的应用性能研究[J].施工技术(中英文),2022,51(19):116-121.

[28] 梁新春,张静晓,孙艳鹏.基于粉碎性黄土环境的砂岩类弃渣在路面基层中的应用研究[J].施工技术(中英文),2023,52(23):67-73.

[29] LIU D, WANG H, LU H. Composition of construction services with hierarchical planning on digital platform[J]. Automation in Construction, 2022, 141: 104449.1-104449.12.

[30] CHENG M L, MATSUOKA M. Extracting three-dimensional (3D) spatial information from sequential oblique unmanned aerial system (UAS) imagery for digital surface modeling[J]. International Journal of Remote Sensing, 2021, 42(5): 1643-1663.

[31] CáCERES A R E, CAVALARO S H P, DE FIGUEIREDO A D. Integrated approach for quality control of fibre-reinforced sprayed concrete for tunnel lining[J]. Tunnelling and Underground Space Technology, 2023, 140: 105260.1-105260.17.

[32] HWANG B G, NGO J, TEO J Z K. Challenges and strategies for the adoption of smart technologies in the construction industry: The case of Singapore[J]. Journal of Management in Engineering,

2022,38(1):05021014.

[33] OPOKU D-G J, PERERA S, OSEI-KYEI R, et al. Digital twin application in the construction industry: A literature review[J]. Journal of Building Engineering,2021,40(3):102726.

[34] LEE D M, LEE S H, MASOUD N, et al. Integrated digital twin and blockchain framework to support accountable information sharing in construction projects[J]. Automation in Construction,2021,127:103688.0-103688.9.

[35] CAO D, LI H, WANG G. Impacts of building information modeling (BIM) implementation on design and construction performance: a resource dependence theory perspective[J]. Frontiers of Engineering Management,2017,4(1):20-34.

[36] ZHOU H, WANG H, ZENG W. Smart construction site in mega construction projects: A case study on island tunneling project of Hong Kong-Zhuhai-Macao Bridge[J]. Frontiers of Engineering Management,2018,5(1):78-87.

[37] ZHU Y, ZHANG J, GAO X. Construction management and technical innovation of the main project of Hong Kong-Zhuhai-Macao Bridge[J]. Frontiers of Engineering Management,2018,5(1):128-132.

[38] MOHIT S, MONFARED M A N, KANG C, et al. Comparative study of greenhouse gas emissions from hand tunneling and pilot tube method underground construction methods[J]. Journal of Green Building,2017,12(4):54-69.

[39] ZHANG J X, ZHU Z, LIU H Y, et al. System framework for digital monitoring of the construction of asphalt concrete pavement based on IoT, BeiDou Navigation System, and 5G technology[J]. Buildings,2023,13(2):503.